The Wall Street Journal

Guide to
Information Graphics

The Wall Street Journal Guide to Information Graphics
Copyright ⓒ 2010 by Dona M. Wong
Korean Translation Copyright ⓒ 2014 by Insight Press
Korean edition is published by arrangement with W. W. Norton & Company, New York through
Duran Kim Agency, Seoul.

이 책의 한국어판 저작권은 듀란킴 에이전시를 통한 W. W. Norton & Company와의 독점계약으로 도서출판 인사이트에 있습니다. 저작권법에 의해 한국 내에서 보호를 받는 저작물이므로 무단전재와 무단복제를 금합니다.

월스트리트저널 인포그래픽 가이드
데이터, 사실, 수치를 표현할 때 지켜야 할 기본 원칙

초판 1쇄 발행 2014년 3월 14일 **8쇄 발행** 2023년 4월 14일 **지은이** 도나 M. 웡 **옮긴이** 이현경 **감수** 강규영 **펴낸이** 한기성 **펴낸곳** (주)도서출판인사이트 **편집** 김민희, 이지연 **본문 디자인** 윤영준 **제작·관리** 이유현, 박미경 **용지** 유피에스 **출력·인쇄** 예림인쇄 **후가공** 이지앤비 **제본** 예림바인딩 **등록번호** 제2002-000049호 **등록일자** 2002년 2월 19일 **주소** 서울특별시 마포구 연남로5길 19-5 **전화** 02-322-5143 **팩스** 02-3143-5579 **이메일** insight@insightbook.co.kr **ISBN** 978-89-6626-093-5 책값은 뒤표지에 있습니다. 잘못 만들어진 책은 바꾸어 드립니다. 이 책의 정오표는 https://blog.insightbook.co.kr에서 확인하실 수 있습니다.

일러두기
번역 과정에서 추가된 주석은 독자의 편의를 위해 옮긴이 주와 감수자 주를 구분하지 않고 동일하게 표기했습니다.

The Wall Street Journal

Guide to

Information Graphics

The Dos and Donts of Presenting Data, Facts, and Figures

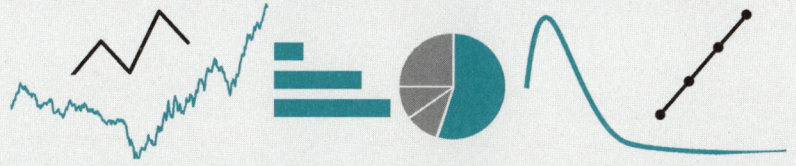

월스트리트저널 인포그래픽 가이드 데이터, 사실, 수치를 표현할 때 지켜야 할 기본 원칙

도나 M. 웡 지음 | 이현경 옮김 | 강규영 감수

인사이트

차례

추천사 10
서문 12

1장 기본 원칙 17

차트
효과적인 차트 작성법 18

숫자
구체적인 증거 20
비교를 하려면 제대로 21
참조 대상을 설정하라 22
알맞은 신호를 보내라 23

데이터 신뢰성
모든 사실을 전달하라 24

풍부한 데이터
많을수록 좋을까? 26

글꼴
가독성 28
차트의 타이포그래피 30

데이터 시각화 한눈에 보기
풍부한 데이터, 높은 시각적 효과 32

색상
색상의 기초 34
컬러 팔레트 36
차트의 색상 38
컬러 차트 템플릿 40
색맹을 위한 색상 선택 42
컬러스케일 응용 44

| 2장 | 똑똑하게 차트 그리기 | 47 |

선
- 높이와 굵기 — 48
- Y축의 증가분 — 50
- 깔끔한 선, 명확한 신호 — 52
- 범례와 항목명 — 54
- 이중축 척도 — 56
- 비교 가능한 척도 — 58

수직 막대
- 형태와 음영 — 60
- 0 기준선 — 62
- 다중 막대와 범례 — 64
- 끊어진 막대와 특이값 — 66

수평 막대
- 순서 매기기와 재편성하기 — 68
- 음수를 나타내는 막대 — 70

파이 차트
- 파이 조각내기 — 72
- 파이 조각 꾸미기 — 74
- 조각난 파이 또 조각내기 — 76
- 파이 크기 비교 방식 — 78

표
- 그리드 선 — 80
- 숫자 맞춤과 항목 배열 — 82

픽토그램

아이콘 선택	84
수량 비교	86

지도

지도 그리기와 음영	88

3장 차트 편람 91

계산하기

평균값, 중앙값, 최빈값	92
표준편차	93
확률	94
평균 vs. 가중평균	96
이동평균	97
로그 스케일	98
비교 가능한 척도	100
증감률	102
기준선을 100 또는 0으로 재설정하기	103

백분율

백분율 표현하기	104
절대값 vs. 증감률	105
백분율의 백분율 계산	106
백분율의 평균을 구하지 마라	107

차트 스타일링

단어	108
숫자	109

돈
주요 주가 지수　　　　　　　　　　　　110
성과 측정하기　　　　　　　　　　　　112
산술평균수익률 vs. 기하평균수익률　　114
통화 표시하기　　　　　　　　　　　　116
뜻밖의 이익　　　　　　　　　　　　　117
통화 차트　　　　　　　　　　　　　　118

4장　난감한 상황　　　　　　　　　　　121

사라진 데이터
　그래도 차트로 만들 만한 가치가 있을까?　　122

큰 숫자, 작은 변화
　과장하지 않고 강조하기　　　　　　　124

비교 가능한 척도
　개미 vs. 코끼리　　　　　　　　　　　126

검은색으로 색감 표현하기
　명암 대비와 강조하기　　　　　　　　128

5장　차트로 계획 세우기　　　　　　　　131

계획 세우기
　팀 꾸리기　　　　　　　　　　　　　132
　청사진 만들기　　　　　　　　　　　133

실행하기 전에 할 것들
    일정 수립   134
    경쟁사 추적   135

순조로운 진행
    진척 보고   136
    파급력이 큰 문제 찾기   137

비용과 자원 관리
    어떤 상황인지 살펴보기   138
    기대 수준 초과   139

    요약   141
    감사의 글   145
    창조적인 프로세스 공개   147
    저자 소개   149
    옮긴이 후기   151
    찾아보기   152

부모님과

조이스와
마이클

사랑하는
남편 조에게

추천사

데이터 시각화를 잘하려면 어떤 공부를 해야 할까?

'시각화'라는 측면에서 살펴보면 우선 그래픽 디자인의 기본 원리들을 공부해야 한다. 색상, 선, 형태, 시각적 요소들의 배치 등을 적절히 활용하기 위해서다. 인간의 시지각이 어떻게 작동하는지 아는 것도 중요하다. 인간이 잘 처리할 수 있는 시각적 패턴에는 어떤 것들이 있는지, 어떠한 자극이 어떠한 효과를 불러일으키는지 잘 알수록 더 효과적인 시각화를 해낼 수 있다.

'데이터'라는 측면에서 살펴보면 데이터, 특히 정량 데이터를 다루기 위해 통계학에 대한 기본 지식이 필요하다. 예를 들어 평균, 분산, 표준편차 등 자주 쓰이는 통계량들이 무엇인지, 산술평균, 중앙값, 최빈값이 서로 어떻게 다른지 등을 이해하지 못하면 이러한 통계량을 시각적으로 적절히 표현하기 어렵다. 특정 전문 분야에 대한 데이터를 다루는 경우라면 그 분야에 대한 지식도 필요하다. 특히 금융, 회계, 재무 분야의 데이터는 자주 접하게 될 가능성이 있으니 조금이라도 공부를 해두면 큰 도움이 될 수 있다.

'데이터'와 '시각화'라는 단어를 합쳐놓고 보자. 데이터 시각화를 하는 이유는 결국 효과적인 소통을 위한 것이다. 이 관점에서 따져보면 공부해야 할 또 다른 주제들이 떠오른다. 시각화를 통해 어떤 목적으로 누구에게 어떠한 이야기를 전달하려고 하는지, 불필요한 데이터는 없는지, 불필요한 시각적 요소는 없는지, 논리적 흐름에 맞게 시선의 흐름을 유도하도록 구성되어 있는지 등 효과적인 스토리텔링 혹은 좋은 글을 쓰기 위해 던져야 할 질문들이 시각화에도 그대로 적용된다는 사실을 알 수 있다.

『월스트리트저널 인포그래픽 가이드』는 그래픽 디자인, 통계 그래픽, 통계학, 금융/재무/회계, 비판적 사고, 시각적 스토리텔링 등 위에서 언급한 다양한 주제를 적당한 깊이로 잘 엮어낸 데이터 시각화 입문서이다.

저자는 통계 그래픽스 분야의 거장 에드워드 터프티의 제자이자 뉴욕타임스, 월스트리트저널 등 유수 언론사에서 오랜 경험을 쌓은 현장 전문가이기도 하다. 이러한 경력은 이 책의 성격에 잘 반영되어 있다. 에드워드 터프티 교수의 연작들은 많은 전문가 사이에서 데이터 시각화의 고전으로 회자되지만 약간은 이론에 치우친 경향이 있다. 『월스트리트저널 인포그래픽 가이드』는 에드워드 터프티의 이론을 다양한 실무 사례로 보강하고 좀 더 현재에 맞게 개정한 후 핵심만 추려내서 읽기에 적당한 분량으로 압축한 듯한 책이다.

책의 특성상 도표가 많고 편집에 손이 많이 갈 수밖에 없을 터인데, 믿을만한 출판사에서 나온 책답게 편집도 훌륭하고 번역도 수월하게 읽힌다. 좋은 책을 잘 번역 출간해준 인사이트 출판사와 역자님께 감사드리며, 자신 있게 독자님들께 일독을 권한다.

- 강규영. UX 디자이너, 데이터 시각화 엔지니어

서문

우리가 살고 있는 데이터 중심의 사회는 훌륭한 글쓰기 실력 못지 않게 효과적인 차트와 그래프 작성 능력도 거의 필수가 되었다.

컴퓨터 기술의 발달로 누구나 그래프를 쉽게 그릴 수 있지만 제대로 그리는 법을 아는 사람은 드물다. 너무나 자주, 우리는 보색이나 입체 막대 같은 시각적 효과를 적용하기만 하면 차트가 그럴 듯하게 될 거라 여기지만, 정보 전달에 대해서는 주의를 충분히 기울이지 않는다.

궁극적으로 그래픽을 좀 더 흥미롭게 만드는 것은 콘텐츠다. 차트가 적절하게 표현될 때, 정보는 보는 이에게 가장 명확하고 효과적으로 전달된다. 잘 표현된 차트는 명료한 정보 전달을 방해하는 불필요한 색상이나 특별한 효과가 들어가 있지 않다.

먼저, 훌륭한 인포그래픽의 세 가지 핵심 요소를 살펴보자.

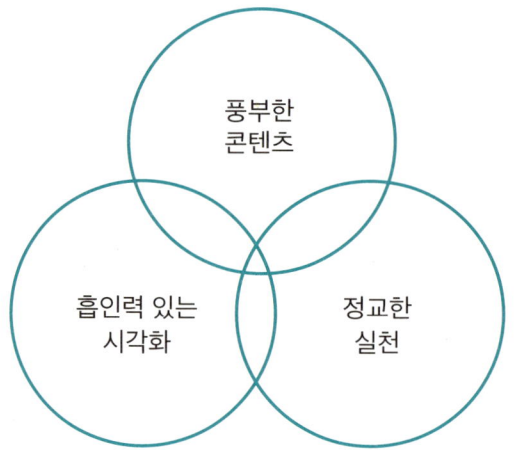

풍부한 콘텐츠는 그래픽에 의미를 부여한다.
흡인력 있는 시각화를 통해 콘텐츠를 해석한 후 독자에게 핵심 정보를 강조한다.
정교한 실천으로 콘텐츠와 그래픽은 살아 숨쉬게 된다.

이해하기 어렵고 오해의 소지가 있으면서 효과적이지도 않은 그래픽의 예는 오늘날 도처에 있다. 복잡하고 중요한 정보를 담았으나 시각화를 제대로 하지 못해 의도한 메시지를 효과적으로 전달하지 못하는 차트가 많다.

 이 책을 읽고 나면 다음 페이지에 실린 차트와 비슷한 차트를 볼 때마다 '어이쿠' 소리가 절로 나오게 될 것이다. 그 차트의 어디가 문제인지 바로 간파할 수 있게 될 것이기 때문이다.

 아래의 차트를 봤을 때, 특별히 이상한 점을 느끼지 못할 수도 있지만, 이 차트들은 훌륭한 차트의 기본 원칙을 위반하고 있다. 이 책을 다 읽어갈 무렵, 그 이유를 이해하게 될 것이다. 지금 당장 알아야겠다면 이 책의 141쪽에서 그 이유를 찾을 수 있다.

나쁜 차트 사례

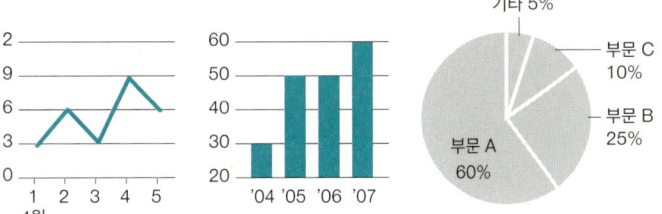

언어 과목과 달리 인포그래픽을 학교에서 가르치는 경우는 드물거니와 직원 실무 교육의 일부로 포함되는 경우도 없다. 이런 이유로 어느 분야든 전문가들이 도표를 그리느라 허둥대고 있다.

이 책의 목표는 독자에게 좋은 차트와 나쁜 차트를 평가할 수 있는 중요한 잣대를 제공하는 데 있다. 이 책을 다 읽을 때쯤이면 도표라는 의사소통 수단을 능숙하고 효과적으로 사용할 수 있게 될 것이다.

나는 이 책이 언제나 여러분 책상의 한자리를 지키게 됐으면 좋겠다.

THE WALL STREET JOURNAL
GUIDE TO INFORMATION GRAPHICS

Typography
Legibility

Data
0.5
1.2
1.4
1.8
2.1

1장

기본 원칙

효과적인 차트는 글꼴, 색상과 디자인, 그리고 심도있는 비판적 분석이 드러났느냐에 달려있다. 다시 말해서, '차트로 그릴 가치가 있는 정보를 가지고 정확하게 표현했는가'라는 질문에 답할 수 있어야 한다. 단 한 개의 잘못된 데이터 포인트가 나머지 정보의 신뢰성을 훼손할 뿐만 아니라 차트 전체를 무용지물로 만들 수 있음을 유념해야 한다.

   1장에서는 글꼴 사용, 선명한 색상을 쓸지 부드러운 색상을 선택할지와 같은 문제에 대해 실질적인 가이드라인과 템플릿을 제공한다. 숫자 두 개만 가지고도 차트 하나를 구성할 수 있는가? 어떤 데이터가 좋은 데이터인가? 같은 질문에 대한 답도 제공할 것이다.

   이러한 기본원칙이 똑똑하고 설득력 있는 차트를 만드는 근간이자 토대를 제공한다.

차트

효과적인 차트 작성법

차트를 작성하는 최고의 방법은 자료조사, 편집, 구성, 검토라는 네 단계를 체계적으로 따르는 것이다.

1
자료조사

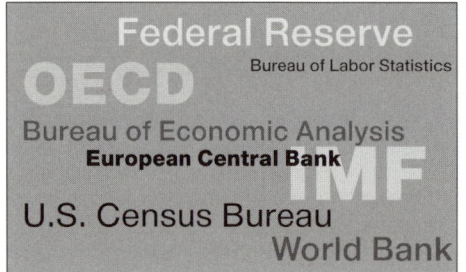

- 권위 있는 출처의 최신 자료를 조사한다.
- 시장점유율 같이 해석에 논란의 여지가 있는 데이터는 독립적인 출처의 자료를 사용하여 편견과 이해 충돌을 피한다.
- 필요하면, 데이터 사용 허가를 받는다.

2
편집

- 핵심 메시지를 찾는다.
- 핵심 메시지를 드러낼 수 있는 최선의 데이터 집합을 선정한다. 예) 시장점유율 vs. 총수익
- 데이터를 걸러내고 단순화시켜 데이터의 핵심을 청중에게 전달한다.
- 원 데이터 수치를 조정하여 핵심 메시지가 부각되도록 한다. 예) 절대값 vs. 증감률

3
구성

- 데이터를 표현하는 데 적합한 차트 유형을 선택한다. 예) 선으로 추세를 나타낼지 아니면 막대로 개별 수량을 보여줄지 선택한다.
- 차트의 기본 설정을 적절히 선택한다. 예) 척도, Y축 증가분, 기준선
- 차트 항목을 표기한다. 예) 제목, 설명, 범례, 출처
- 색상과 타이포그래피를 사용하여 핵심 메시지를 강조한다.

4
검토

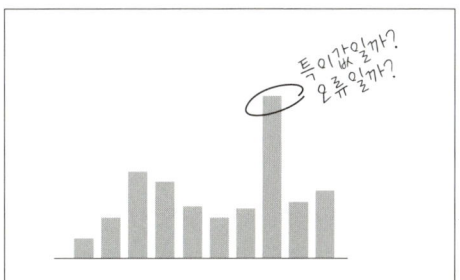

- 차트에 들어간 데이터를 원 출처의 자료와 대조하여 점검한다.
- 차트가 이치에 맞는지 잘 판단해서 평가한다.
- 독자의 관점에서 차트를 보도록 한다.
- 미심쩍은 내용이나 특이값은 추가 자료와 해당 분야 전문가의 도움을 받아 데이터를 검증한다.
- 이 책을 참고하여 최고의 차트 작성법대로 작성했는지 확인한다.

편의주의 때문에 이런 검토 과정을 빼고 넘어가는 경우가 아주 많다. 그러나 시간을 들여 각 단계를 모두 살핀다면, 프로와 아마추어의 수준 차이만큼이나 다른 결과를 가져올 수 있다. 철자 하나가 틀린 글과는 달리, 차트에서 숫자 하나가 잘못되면 차트 전체의 신뢰도가 무너진다.

숫자

구체적인 증거

숫자를 계산하거나 그래프를 그릴 때는 정확성을 위해 소수점 이하의 자릿수까지도 사용해야 한다. 그러나 차트의 항목을 표시할 때는 중요하다고 생각하는 자릿수만큼 반올림하여 비교하기 쉽도록 만든다. 예를 들어 12.345가 12.3보다 정밀하긴 하지만, 차트에서는 시각적 효과를 떨어뜨릴 수도 있다.

글 vs. 차트

차트는 일련의 숫자를 가까이에 놓고 비교해 볼 수 있는 강력한 도구다. 차트상의 숫자는 독자에게 시각적, 서술적 정보를 한꺼번에 전달한다. 같은 숫자라도 차트로 만들어 놓으면 이야기나 표제를 달아 설명해 놓은 것보다 더 구체적이고 정확하게 다가간다.

테스트
숫자를 말로 풀었을 때:

A회사는 1억 달러의 수익을 거두어, 7천 5백만 달러 수익을 거둔 B회사보다 높은 성과를 냈다.

숫자를 도표로 표현했을 때:

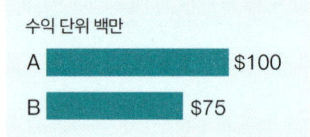

위에서 오른쪽 차트는 한눈에 정보를 판단할 수 있게 해준다. 일련의 숫자들이 단어와 뒤섞여 나열된 것보다 기억에 더 오래 남는다.

데이터가 스스로 말하게 하자

잘 만든 차트란, 어떠한 방해 요소 없이 독자가 데이터를 비교 또는 대조하여 결론을 이끌어 낼 수 있도록 해야 한다.

굵은 그리드 선과 입체 막대로 표현한 차트는 데이터를 모호하게 만들고 독자가 콘텐츠에 집중할 수 없게 만든다.

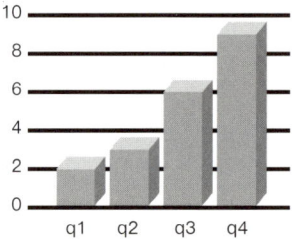

그에 반해 깔끔하고 간결한 차트는 독자가 데이터에 집중할 수 있도록 해준다. 여기서 데이터는 전달하려는 메시지를 뜻한다.

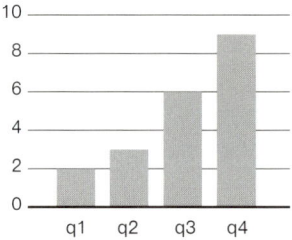

비교를 하려면 제대로

같은 숫자, 다른 이야기

데이터를 거르고 편집하여 메시지의 일관성과 관련성을 지켜야 한다. 장식적인 요소가 올바르게 정리하고 표현한 데이터를 대체할 수 없다.

가공하기 전의 데이터가 이야기를 전달하기에 뭔가 충분하지 않더라도 장식적인 요소를 추가해서는 안 된다. 대신에 다른 자료를 더 찾아보고 메시지가 제대로 전달될 수 있도록 바로 잡는다.

예시

각국의 X은행에서 발급한 신용카드

신용카드 숫자를 나타낼 때 발급한 신용카드 총계와 1인당 신용카드

국가	발급한 신용카드	인구	1인당 발급받은 신용카드 수
A	100 million	200 million	0.5
B	300	200	1.5
C	400	400	1.0

신용카드 발급 수를 총계 기준으로 나타내는 것과 1인당으로 나타내는 것은 별개의 이야기이며, 같은 데이터라도 다른 인상을 전달한다.

총 신용카드 발급 수 (단위: 백만)

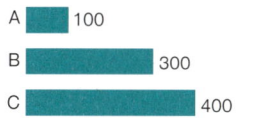

1인당 발급받은 신용카드 수

C국가의 신용카드 시장 규모가 가장 크다. 이 차트는 전체적인 신용카드 시장 규모를 보여준다.

B국가는 1인당 발급받은 신용카드가 가장 많은 나라다. 이 차트를 통해 인구는 적지만 B국가에서의 마케팅 노력이 더 성공적이었음을 알 수 있다.

숫자

참조 대상을 설정하라

모든 것은 상대적이다
부자 삼촌이 내게 1만 달러를 줬다고 상상해보자. 기분이 좋을 것이다. 그런데 형에게는 2만 달러를 줬다는 걸 알게 돼도 여전히 1만 달러를 횡재했다는 기분이 들까? 아니면 1만 달러를 손해 본 기분이 들까?

$10,000 횡재했다고 느낄까?

$10,000만큼 손해 봤다고 느낄까?

정보의 틀은 독자가 데이터를 어떻게 해석할지를 좌지우지한다. 사람들은 정보의 틀이라 할 수 있는 참조점을 필요로 한다. **참조점을 제시하는 사람이 메시지를 통제한다.**

독자는 자신이 기대하는 바에 따라 정보의 틀을 짠다. 심지어 임의의 숫자에도 참조점을 만들어 의미를 부여하려 들 것이다.

퀴즈

A 주식이 주당 100달러다. 이 주가는…

A. ○ 높다.
B. ○ 낮다.
C. ○ 잘 모르겠다.

아무런 전후 맥락 없이 100달러가 적정한 가격인지 여부를 판단하는 건 불가능하다. 그러나 예를 들어, 우리가 해당 주식의 52주 최고/최저가를 안다면, 답할 수 있을지도 모른다.

차트에 참조점 만들기

한 개의 숫자 자체로는 뜻하는 바가 딱히 없을 수 있다. 일련의 숫자들을 함께 배치하면 특정한 효과를 만들어 낼 수 있다.

예시
한 개의 숫자만 있는 문장은 아무런 의미도 내포하지 않는다.

B 주식은 주당 5달러다.

그러나 시간의 흐름에 따른 B 주식의 주가를 연속해서 나열한 차트는 5달러라는 주가가 사실은 반토막 난 결과임을 분명하게 보여준다.

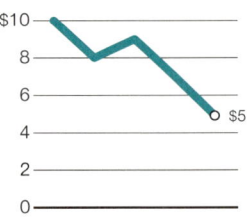

22

알맞은 신호를 보내라

같은 숫자를 가지고도 다양한 방식으로 차트를 그릴 수 있다. **사람들은 1,000달러 이득에서 얻는 기쁨보다 1000달러 손실로 인한 아픔을 더 크게 느낀다.** 의도한 메시지를 전달하려면 알맞은 맥락을 제공해야 한다.

예시
A 주식의 성과

주가	첫 번째 데이터 포인트로부터의 증감률
$ 8	0%
10	+25
8	0
4	-50
2	-75

실제 주가를 나타낸 차트

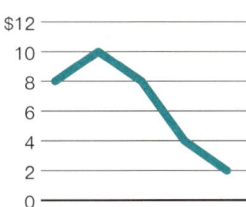

주가의 증감률로 차트를 그리면 선이 마이너스 영역까지 간다. 이 경우, 차트는 주가의 하락을 강조한다. 단순히 기준선을 설정하는 것만으로도 차트는 주식이 형편없는 성과를 내고 있음을 시각적으로 나타낸다.

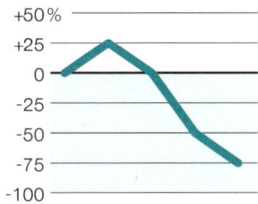

두 개의 차트 모두 공정하다. 확실한 것은, 차트를 그릴 때 내린 선택이 독자에게 전달할 구체적인 메시지의 틀을 정한다는 사실이다.

차트의 메시지를 뒷받침하는 모든 사실과 근거는 일관성을 갖춰야 한다. 예를 들어 이익과 손실에 관한 차트를 그릴 때, 성과가 저조한 이전 분기들을 생략하면 사실을 왜곡하는 게 된다.

예시
완전한 사실

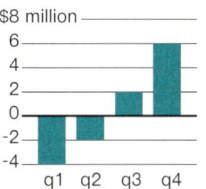

반쪽 진실

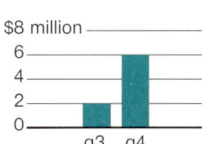

데이터 신뢰성

모든 사실을 전달하라

미래를 예측한다고?
차트로 그리면서 확정적으로 범위를 추정하거나 아주 먼 미래의 예측값을 나타내는 것은 정확성에 문제가 있다는 인상을 준다. 다음 두 차트는 모두 세심한 방식으로 임의의 숫자들을 정의하고 있다.

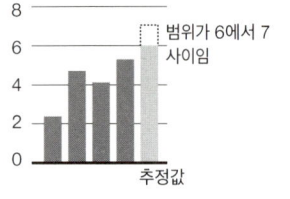

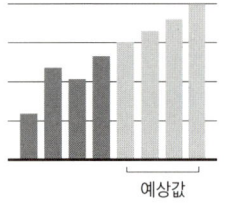

사소한 것도 그냥 지나치지 마라

데이터는 데이터 출처의 수준을 넘지 못한다. 데이터를 가져올 때 출처의 평판과 공정성은 매우 중요하다. 일례로, 시장점유율 데이터는 제3자가 벤치마크한 데이터와 비교하여 편향을 피하면서 신뢰성을 더해야 한다.

항상 비판적인 시각으로 데이터를 평가해야 한다. 숫자 하나라도 이상하면, 이유를 끝까지 파고드는 게 중요하다. 잘못된 데이터 단 한 개가 차트 전체의 신뢰도를 무너뜨린다.

나쁜 데이터 + 훌륭한 시각화 = 나쁜 차트

한 가지 방법만 있는 것은 아니다

모든 데이터 집합마다 각각의 분석과 해석을 요한다. 동일한 데이터 집합을 표현하고 시각화할 수 있는 방법은 다양하다. 결국 선택은 의도한 메시지가 무엇이냐에 달려 있다.

막대 차트는 특정 시장에서 각 회사가 거둬들인 매출액을 보여준다.

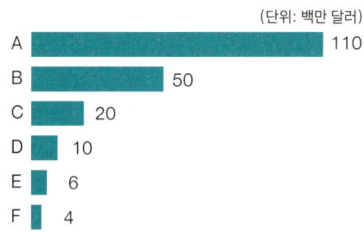

반면에, 파이 차트는 A회사의 전체 시장점유율이 55퍼센트임을 보여준다.

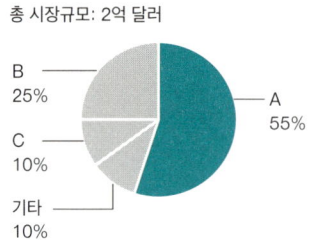

수치에 맥락을 제공하라

사실을 공정하게 표현하여 신뢰를 구축해야 한다. 200명을 채용한다고 했을 때, 200이라는 숫자는 어떤 기업에서는 전체 임직원의 1퍼센트일 수 있지만, 다른 기업에서는 10퍼센트일 수도 있다.

　기초가 되는 숫자 없이 백분율만 표시하는 것도 무의미하다. 10퍼센트 증가라고 했을 때, 어디에서 어디로 10퍼센트가 증가한 것인가?

작은 숫자를 기준으로 큰 증감률을 나타낼 때는 조심해야 한다. 일반적으로 대기업의 증감률과 소규모 기업의 증감률을 비교하는 것은 공정하지 않다. 설령 어떤 소기업의 매출이 3배 증가한다 하더라도 여전히 시장 전체를 통틀어 극히 일부에 불과할 수 있다.

예시
X 제품의 시장점유율

두 개의 파이 차트에서 도출할 수 있는 결론은 A제품과 B제품 모두 시장점유율이 60퍼센트라는 사실 뿐이다. 미국과 캐나다 각각의 시장 규모를 모르면 어떤 제품이 더 많이 판매됐는지 판단하는 건 불가능하다.

숫자의 끝 처리는 가장 나중에 하라

숫자의 반올림 처리는 프레젠테이션 과정에서 마지막 단계에 해야 한다. 분석 단계에서 숫자를 올리거나 내리게 되면 최종 결과값이 실제 값과 달라지게 되어 잘못된 해석으로 이어질 수 있다.

예시

	데이터	반올림 이후
	12.4	12
	16.5	17
증감률	+33.1%	+41.7%

예시

	데이터	반올림 이후
A회사	$2.9 billion	$3 billion
B회사	3.1	3
C회사	4.2	4

이런 식으로 A회사와 B회사를 비교하면 비교의 의미가 퇴색된다. 게다가 2억 달러는 상당히 큰 돈이다.

풍부한 데이터

많을수록 좋을까?

풍부한 데이터란 좋은 품질의 데이터를 의미한다. 즉, 공신력 있는 출처에서 가져온 정확한 데이터를 청중을 고려해 쓸모 있게 걸러낸 데이터다. 데이터를 표현할 때는 간결하면 할수록 더 좋다.

판단해서 편집하라

자료 조사 단계에서는 데이터 집합이 클수록 더 심도 깊은 분석이 가능하다. 그러나 편집 단계에서는 부가적인 정보들이 핵심을 흐리는지, 아니면 이야기를 돋보이게 만들어 설득력을 더할지를 판단하는 게 관건이다.

예시

편집하거나 데이터를 여과하지 않은 막대 차트는 시장에 참가한 모든 기업의 수익을 상세히 보여준다. 그러나 이야기의 핵심이라 할 수 있는 B회사의 시장점유율 증가가 자질구레한 디테일에 묻혀버렸다.

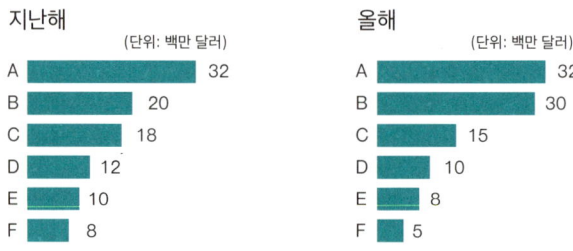

데이터를 분석한 후 파이 차트가 보여주는 것은 B회사가 시장에서 강한 존재감을 지니고 있다는 사실이다. 규모가 더 작은 회사의 점유율을 합치는 과정에서 비록 일부 디테일이 사라지긴 했지만 독자는 편집자의 노력 덕분에 데이터가 의미하는 바를 잘 알 수 있다.

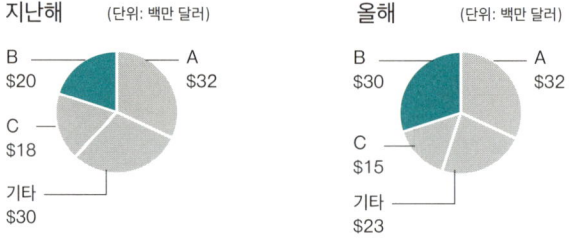

1장 기본원칙

발췌하여 전체 이야기를 전하라

독자를 오도하여 과거와 미래에 대해 잘못 추정하지 않게 할 수만 있다면, 데이터 집합에서 몇 개의 데이터 포인트를 추출해도 된다.

예시

매출이 꾸준한 비율로 증가하는 상황에서, 최근 성과 데이터를 따로 뽑아서 보여주는 것은 눈속임이 아니다. 그러나, 전체 8개 분기 데이터를 모두 보여줘서 꾸준히 좋은 성과를 거두고 있다는 사실을 강조하는 것이 더 좋다.

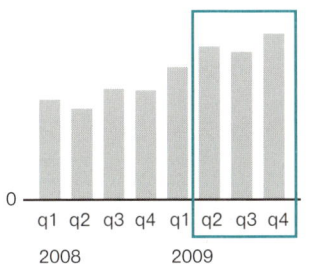 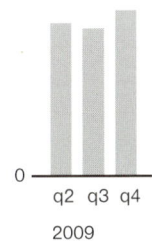

그러나 아래의 차트에서 최근 3개 분기만 골라서 보여주는 건 허위 정보를 주는 게 될 수 있다. 이 같은 경우, 이전 분기들의 데이터를 제외한다는 것은 저조한 성과를 숨기는 게 된다. 독자가 모든 데이터를 다 보고 나서 내렸을 결론과는 다른 결론을 내릴 수 있다.

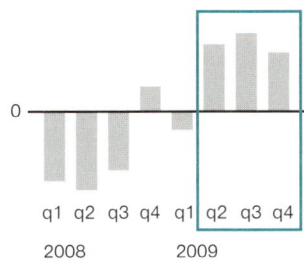 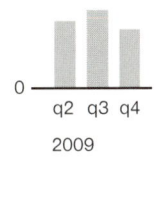

데이터의 양이 내실 있는 데이터를 의미하지 않는다. 데이터 포인트가 많은 차트를 그린다고 반드시 더 좋은 차트가 되는 것도 아니다. 기준이 되는 패턴에 어떤 변화가 있음을 나타내야, 일련의 데이터 포인트가 의미 있고 주목할 만하게 된다.

결정적이지 않은 변화의 폭

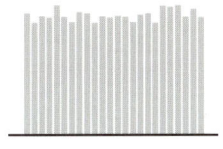

상승 추세

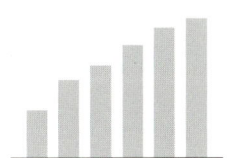

글꼴

가독성

오늘날엔 스타일과 굵기가 다양한 글꼴들이 넘쳐 난다. 세리프체, 산세리프체, 이탤릭체, 대문자 글꼴, 가벼운 서체, 중간 서체, 굵고 검은 활자체가 있어 글꼴 선택이 만만치 않다. 그러나 결국 차트에서 사용하는 글꼴은 정보를 표현하는 수단이지 장식이 아니다. 따라서 타이포그래피는 순수하게 가독성을 고려하여 선택해야 한다.

용어 설명

세리프Serif: 글자를 이루는 획의 처음과 끝에 삐침을 추가한 글꼴이다.

산세리프Sanserif: 산세리프는 '삐침이 없는 글자'를 뜻한다.

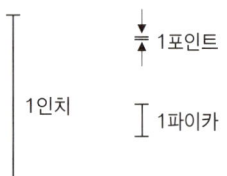

글꼴 크기 Type size: 글꼴의 크기는 글꼴의 높이이며, 원래 글자를 찍어내던 금속활자판의 높이를 나타냈다. 디지털 글꼴에서 글꼴 크기는 예전 금속활자 블록에 해당하는 높이를 나타낼 뿐, 실제 글꼴 크기는 아니다.

1포인트point: 포인트는 글꼴 크기를 측정하는 단위다. 12포인트가 1파이카pica다. 1파이카는 1/6인치 크기에 해당된다.

레딩Leading: 한 행의 베이스라인과 다음 행의 베이스라인 간의 수직 거리를 뜻한다.

1장 기본원칙

차트의 글꼴 가독성을 위한 기본 규칙

- 일반적으로 레딩은 글꼴 크기보다 약 2포인트 이상 클 때 읽기 편하다. 예를 들어 글꼴 크기가 10포인트면, 레딩은 12포인트는 돼야 한다.
- 너무 작은 글꼴이나 폭이 좁은 글꼴은 선택하지 않는다. (*condensed*).
- 세리프건, 산세리프건 글꼴의 스타일은 단순하게 가져간다. **볼드체** 또는 *이탤릭체*는 요점을 강조할 때만 사용한다. ***볼드체와 이탤릭체***를 동시에 적용하지 말 것.
- 알파벳의 경우, 알파벳 전체를 대문자로 쓰지 않는다. 가독성이 떨어진다. 손글씨를 쓸 때처럼 대문자와 소문자를 함께 사용한다.
- 검정색 혹은 다른 색상의 바탕에 흰색 글씨는 피한다.
- 하이픈 연결은 피한다.
- 지나치게 화려한 서체는 사용하지 않는다. (*stylized*)
- 글꼴을 기울여 배치하지 않는다.
- 글 꼴 사 이 를 벌 리 지 않 는 다. (this is tracking)

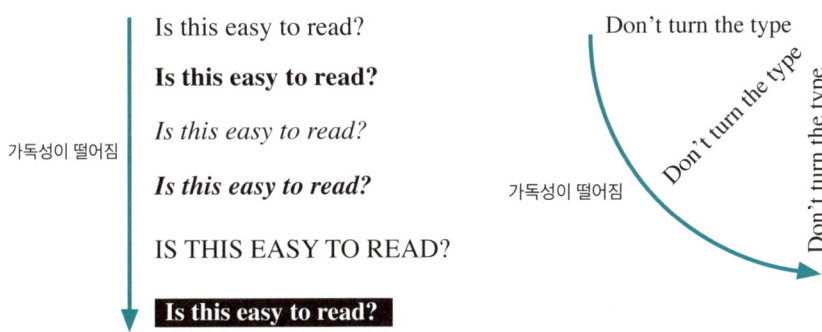

간단한 가독성 테스트 차트를 복사기에서 적당히 축소 복사한다. 타이포그래피가 제대로 되었다면 해당 글꼴은 크기가 작아져도 여전히 읽힐 것이다.

글꼴

차트의 타이포그래피

차트에서 타이포그래피가 중심이 되면 안 된다. 차트의 핵심은 데이터다. 차트상의 글꼴은 차트를 명료하게 표현하기 위한 수단이지, 패션 잡지나 정치 대자보처럼 감정을 자극하는 것이 주목적이 아니다. 잘못된 타이포그래피는 지나치게 주의를 끌어 주요 메시지를 담은 데이터에 집중하는 것을 방해한다. 차트를 돋보이게 할 요량으로 글꼴에 스타일을 더하고 싶은 충동은 무슨 수를 써서라도 자제해야 한다. 잘 된 타이포그래피는 정보를 가장 효율적이고 직접적으로 전달하는 데 도움을 준다.

 근본이 되는 데이터를 압도하는 타이포그래피는 허용하지 마라.

 타이포그래피는 간결하게 하라. 제목을 굵게 표시하거나 글꼴 크기를 2배로 키울 수는 있다.

모든 철자를 대문자로 쓰거나 검은 배경에 흰색 글씨로 쓰지 않는다.

볼드체와 이탤릭체를 동시에 쓰지 않는다.

좌표 축의 숫자를 굵게 표시하지 않는다.

글꼴을 기울여 배치하지 않는다.

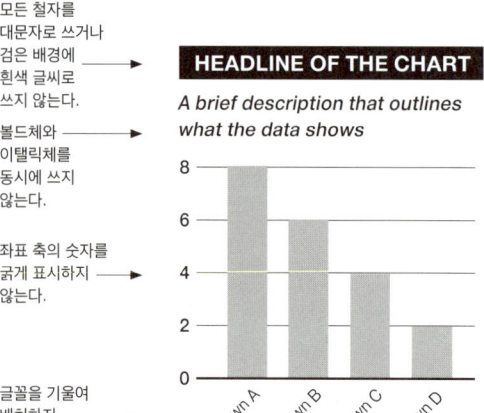

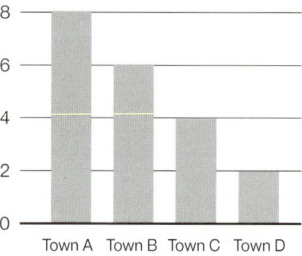

이름이 긴 경우에는 대안으로써 수평 막대 차트로 표현한다.

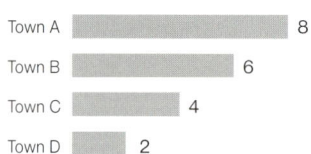

지나치게 화려한 글꼴을 사용하거나, 공간 절약을 위해 글꼴을 회전시키지 마라.

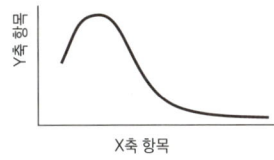

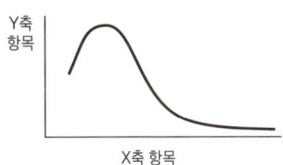 세리프와 산세리프는 상호보완적이며 변화를 주면서도 가독성이 높다.

 검은 바탕 위에 흰색 글씨 같은 반전효과를 주지 마라. 가독성이 떨어진다.

 음영이 들어간 바탕에 가독성을 높이거나 특정 부분을 강조할 목적으로 볼드체를 사용한다.

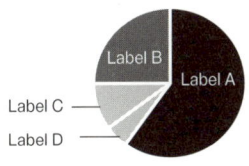

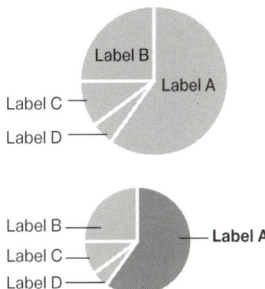

 엄청나게 많은 텍스트를 굵게 표시하지 마라. 전부를 강조하는 것은 아무 것도 강조하지 않는 것과 같다.

 볼드체를 사용하여 핵심 메시지를 강조하라. 단, 신중할 것.

Name	Data	Data	Data
Company A	0.0	0.0	0.0
Company B	0.0	0.0	0.0
Company C	0.0	0.0	0.0
Company D	0.0	0.0	0.0

Name	Data	Data	Data
Company A	0.0	0.0	**0.0**
Company B	0.0	0.0	**0.0**
Company C	0.0	0.0	**0.0**
Company D	0.0	0.0	**0.0**

풍부한 데이터, 높은 시각적 효과

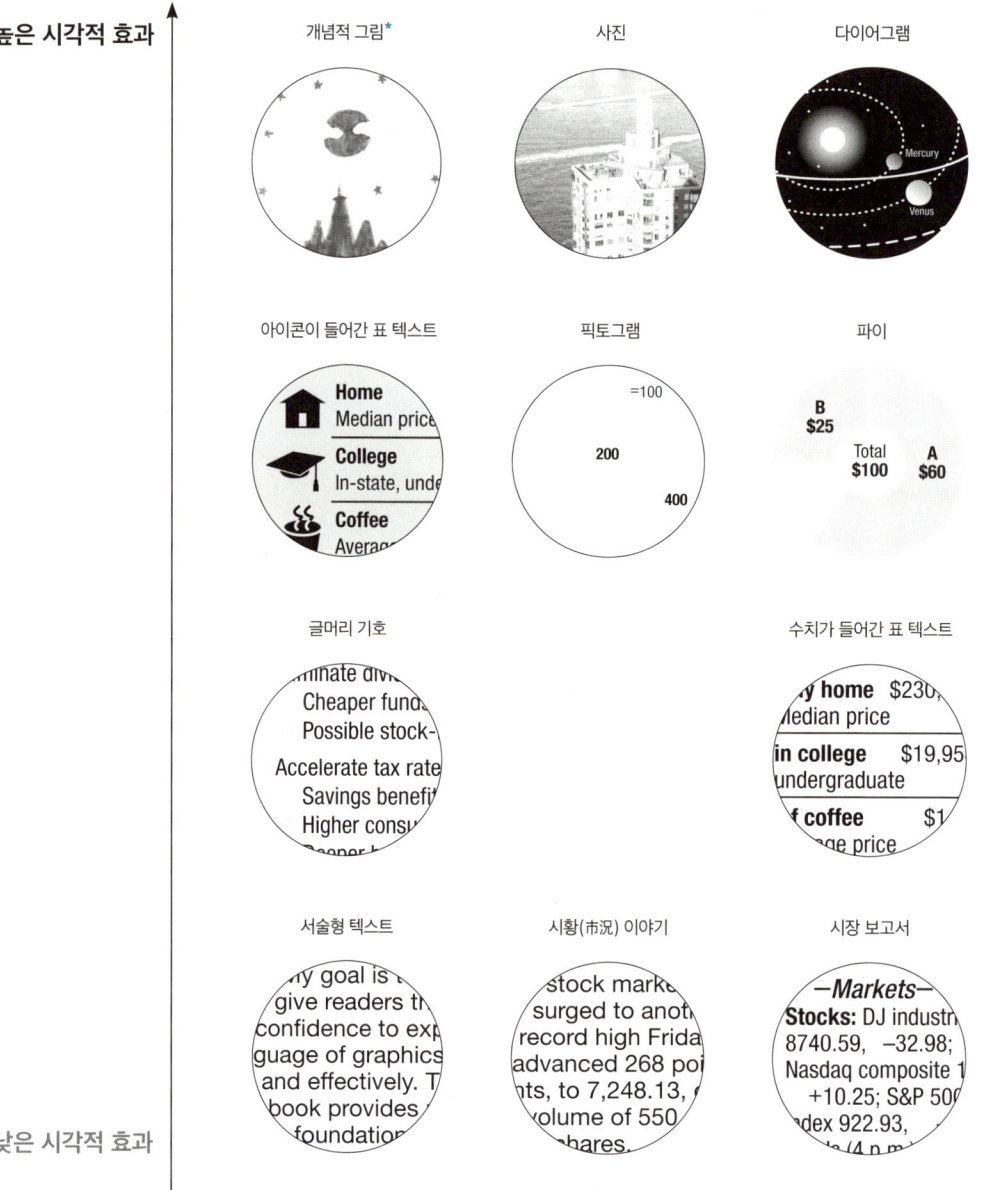

* 조이스 콜티스코(Joyce Koltisko) 작품

1장 기본원칙

사진이 있는 차트　　지도　　데이터 맵　　여러 차트와 사진이 포함된 디스플레이 패키지

 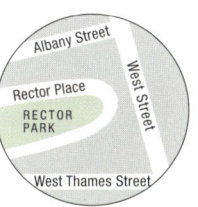 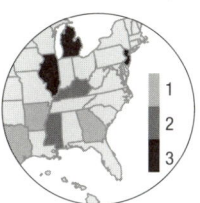 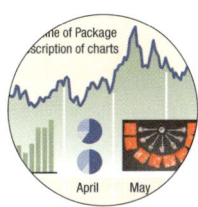

수직 막대그래프　　선그래프　　멀티 차트　　차트와 표

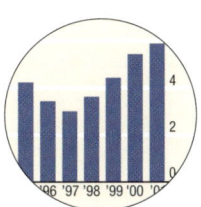 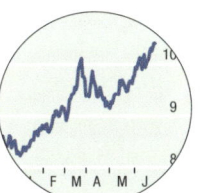 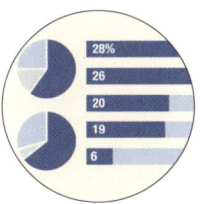 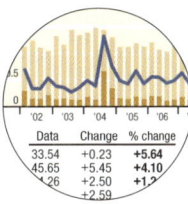

수평 막대그래프　　표 안에 들어간 그래프

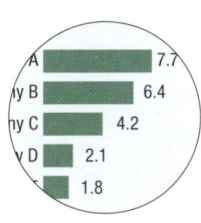

숫자가 들어있는 표　　주식 시세표

풍부한 데이터

본 차트의 사진 구성은 마이클 콜티스코(Michael Koltisko)의 사진으로 이뤄짐.

색상

색상의 기초

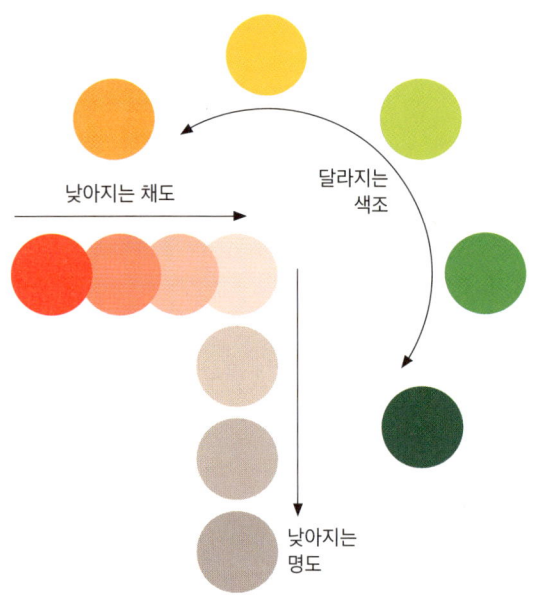

색상 기술하기

색상의 3가지 주요 속성에는 색조, 채도, 명도가 있다.

색조hue: 일반적으로 색상을 빨강, 초록, 파랑이라고 말할 때 색조를 의미한다.

채도Saturation: 색상의 선명도를 말한다. 채도가 높은 색상은 같은 색조에서 더 선명하다. 예를 들어, 채도가 높아질수록 같은 빨강이라도 (분홍 색조가 사라지고) 더 선명한 빨강에 가까워진다.

명도Value: 명도는 색상의 밝기와 어두운 정도를 나타낸다. 검은 잉크를 더하면 더욱 어두운 색상을 얻을 수 있다.

따뜻한 색과 차가운 색

따뜻한 색상은 색상 스펙트럼상에서 빨강, 오렌지, 노랑, 갈색이 속한 빨간색 영역에 위치한 색상이다. 차가운 색상은 스펙트럼의 파란색 영역에 있는 파랑, 초록, 뉴트럴 그레이를 포함한 색상이다.

따뜻한 색상은 차가운 색상에 비해 더 크게 보이기 때문에 같은 면적이라도 빨간색이 시각적으로 파란색을 압도할 수 있다.

따뜻한 색상은 점점 더 다가오는 느낌을 주는 반면 차가운 색상은 시각적으로 멀어지는 느낌을 준다.

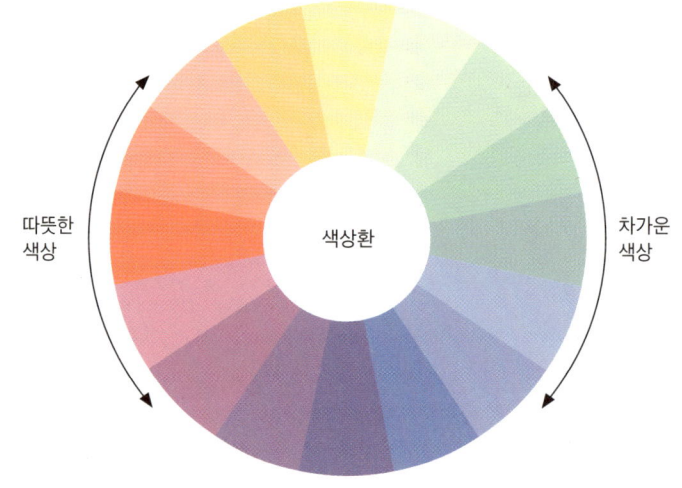

색상 지정하기

색상은 적용방법에 따라 다른 방식으로 지정할 수 있다.

CMYK

청록cyan, 마젠타magenta, 노랑, 검정은 컬러로 인쇄할 때 인쇄기가 사용하는 네 가지 잉크 색상이다. 이론상으로 청록, 마젠타, 노랑을 한꺼번에 덧칠하면 검은색이 나와야 하지만, 실제로는 탁한 갈색이 된다. 검정을 인쇄기의 네 번째 잉크로 쓰는 이유는 제대로 된 깔끔한 검은색을 만들기 위해서다.

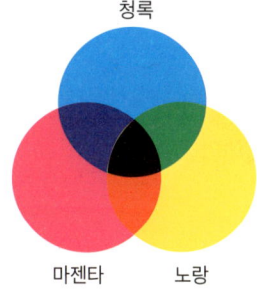

예시

CMYK(100, 30, 0, 0)으로 인쇄하면 청록 100퍼센트, 마젠타 30퍼센트, 노랑 0퍼센트, 검정 0퍼센트를 혼합한 색상이 된다.

RGB

빨강, 초록, 파랑 광원을 혼합하여, 텔레비전과 컴퓨터 모니터상의 색상이 표현된다. 세 가지 색상의 광원을 동시에 비추면 흰색 빛이 만들어진다. 스크린 위에서 이미지 작업을 할 때 빨강, 초록, 파랑 광원의 양으로 색상이 정해진다. 각 색상 요소의 범위는 0부터 최대 255 사이의 값을 갖는다.

예시

빨강   RGB(255, 0, 0)

헥사 값/16진법 표기

여섯 자리 16진수 또는 RGB 트리플릿triplet은 웹 디자인에서 색상을 정의할 때 사용된다. 색상은 #RRGGBB 형태로 지정할 수 있으며, 여기서 RR, GG, BB는 각각 빨강, 초록, 파랑을 16진수 값으로 나타낸 것이다. 각 색상 요소의 범위는 최저 #00에서 최대 #FF이다.

예시

빨강   RGB(255, 0, 0)   #FF0000

초록   RGB(0, 255, 0)   #00FF00

파랑   RGB(0, 0, 255)   #0000FF

색상

컬러 팔레트

차트에서 사용하는 컬러 팔레트는 기본 색상과 각 색상별로 3~5가지 색조만을 포함해야 한다. 그래야만 한 개의 차트 안에서 더 적은 색상을 선택하여 주의력 분산을 막을 수 있다. 일단 팔레트를 선택했으면 전체 프레젠테이션에 일관되게 사용하여, 시각적으로 통일된 느낌을 주도록 한다.

채도가 높은 컬러 팔레트

1장 기본원칙

채도가 낮은 컬러 팔레트

색상

차트의 색상

사돈 식구를 집으로 맞이하듯이 품위 있게 차트에 색상을 적용하라. 팔레트의 모든 색상을 동시에 사용하지 마라. 하나의 차트에 지나치게 많은 색상을 쓰면 어지럽고 요란해진다. 조화롭게 어울릴 만한 색상을 선택하라. 동일한 색상이면서 밝기가 다른 색상을 쓰거나 색상환에서 가까운 색상끼리 조합한다. 사용할 색상의 범위를 제한하라. 설령 사용 가능한 색상을 전혀 안 쓴다 해도 문제될 것은 없다. 임의로 색상을 선택하지 마라. 효과적으로 데이터를 비교하고 대조할 수 있게 색상을 전략적으로 선택하라. 색상에 변화를 준다는 것은 그때마다 정보에도 변화가 생겼다거나 또 다른 데이터 층이 추가됐음을 가리킨다. 궁극적으로 나타내려는 정보가 차트에 사용할 모든 색상을 결정해야 한다.

 여러 가지 색상으로 동종의 데이터를 표현하지 마라.

 같은 변수는 같은 색상을 사용하라. 그래야 독자가 데이터 비교에만 집중할 수 있다.

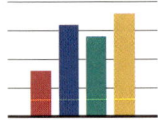 

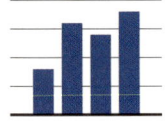 

더 짙은 색상이나 다른 색상을 사용하여 핵심을 강조할 수 있다.

 다중 막대 차트에서 다른 색상 또는 보색을 사용하지 마라. 색상 대비가 데이터에 온전히 집중하는 것을 방해한다.

 한 가지 색상을 밝기를 달리해서 쓰거나 색상환에서 같은 쪽에 위치한 색상을 사용하여 다중 막대 차트를 깔끔하고 산뜻하게 표현하라. 그래야 독자가 데이터에 집중할 수 있다.

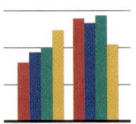 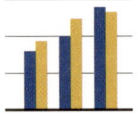

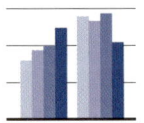 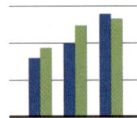

측정 단위를 설정할 때 척도의 중앙에 옅은 색과 짙은 색이 번갈아 나오지 않도록 하라. 짙고 옅은 색상 사이를 널뛰기 하는 동안 사람 눈은 제대로 된 비교를 할 수 없다.

 어떤 색상의 컬러 스케일이든 가장 옅은 색에서 가장 짙은 색으로 가거나, 그 반대가 돼야 한다. 제대로 됐는지 간단하게 테스트하는 방법은 컬러 스케일을 흑백으로 변환한 후 옅은 색에서 짙은 색으로 얼마나 부드럽게 옮겨가는지 살펴보면 된다.

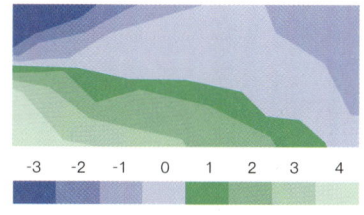

테스트: 컬러 스케일을 그레이 스케일로 변환하여 색의 단계적 밝기를 테스트한다.

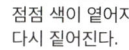

갑자기 가장 옅은 색에서 짙은 색으로 바뀐다.

점점 색이 옅어지다가 다시 짙어진다.

 일반적으로 특정 테마를 연상시키는 색상을 피하라. 일례로 크리스마스 매출을 표시한다고 빨강과 초록을 쓰는 것은 피한다.

 색상으로 분위기를 반영할 수 있다. 예를 들어 짙은 파랑은 보수적인 분위기, 밝은 색상은 쾌활한 분위기를 반영한다.

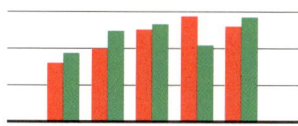
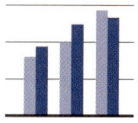 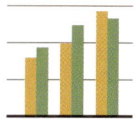

 막대 차트에서 양수를 표현할 때 빨간색을 쓰지 마라. 빨간색은 손실을 강하게 연상시킨다.

 손실을 나타낼 때는 빨간색 막대가 상당히 효과적일 수 있다.

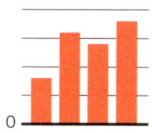
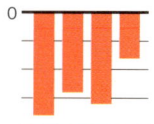

색상

컬러 차트 템플릿

채도가 높은 컬러 팔레트

동일한 색상이면서 밝기가 다른 색을 사용하거나 색상환에서 같은 방향에 있는 색상을 사용하라.

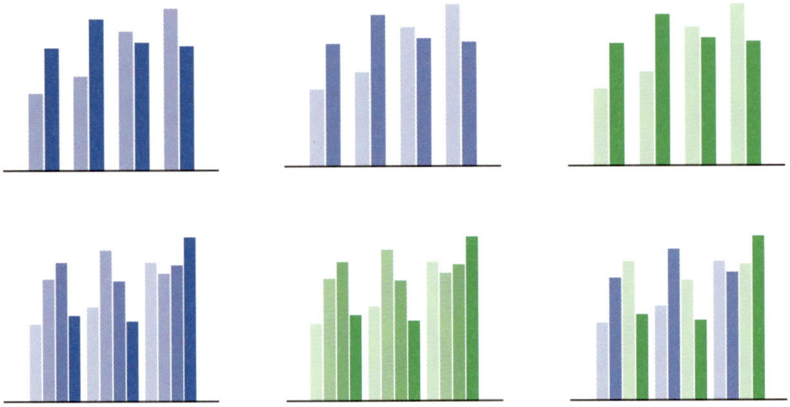

빨강이나 검정 같이 선명하거나 짙은 색상을 사용하여 중요한 선임을 강조하라.

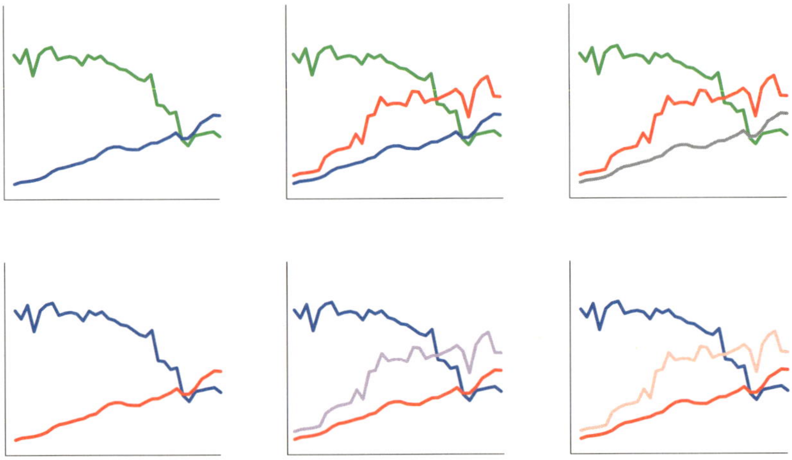

더 짙은 색을 사용하거나 상이한 색으로 특정 부문을 강조하라.

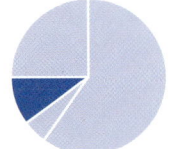
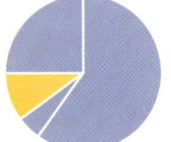
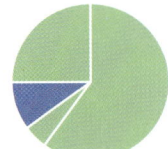

채도가 낮은 컬러 팔레트

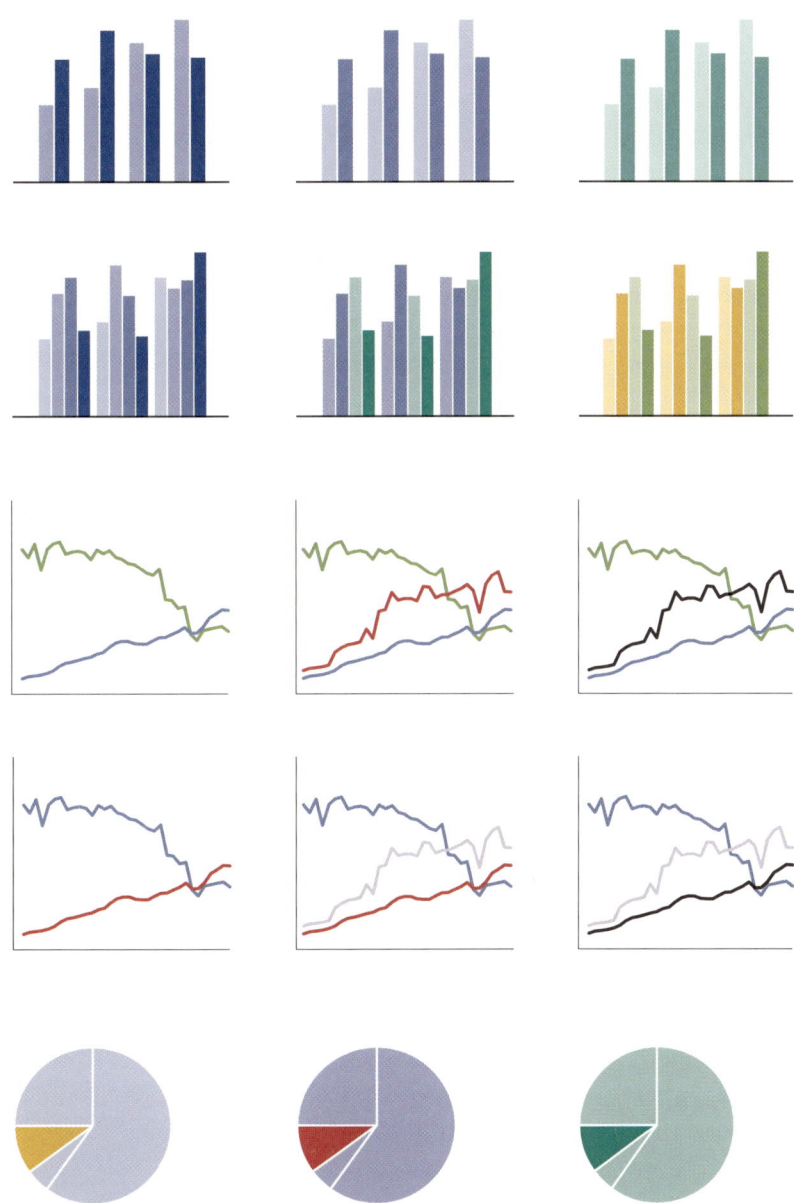

색상

색맹을 위한 색상 선택

차트 구성 요소의 색상 변화는 정보의 변화나 데이터에 레이어가 추가됐음을 의미한다. 색상이 정보를 담고 있다고 할 때, 정보를 담고 있는 색상이 보이지 않는다면, 정보 해석에 중대한 차질을 빚을 수 있다. 독자가 차트의 내용을 보고 읽고 이해할 수 있어야만 좋은 차트라 할 수 있다.

미국국립보건원에 따르면 성인 남성 10명 가운데 한 명이 색맹이라고 한다. 색맹은 크게 두 종류가 있다. 가장 흔한 형태가 적녹색맹이며, 다른 하나가 황청색맹이다.

색상 조합의 함정

빨강/녹색 또는 파랑/노랑과 같은 색상 조합은 색상환에서 각각 반대편에 위치한 색상들의 조합이다. 색조는 아주 다르지만, 명도나 밝기는 비슷하다. 이러한 색상 조합들은 데이터를 압도한다. 이런 색상 조합을 많이 쓰면 시각적 잔상효과까지 가져온다. 이런 색상 조합들은 색각이 정상인 독자의 주의력까지도 방해한다. 명도 대비가 약하면 색맹인 사람은 사실상 차트를 읽을 수 없다.

차트나 그래프의 각 항목을 오로지 색상에 의존해서 표현하는 경우, 일반 독자들은 정보 파악에 더 많은 노력을 기울여야 하며, 색맹인 독자는 해독 자체가 거의 불가능할 수 있다. 대부분의 독자들이 차트나 그래프의 각 항목이 의미하는 바와 내용을 파악하기 어렵다고 자주 느끼는 이유는 우리 눈이 작은 색상표 사이에서 의미 차이를 즉각 구분해내지 못하기 때문이다. 특히 색상과 명도 대비가 충분하지 않은 경우, 의미 파악은 더 어렵다.

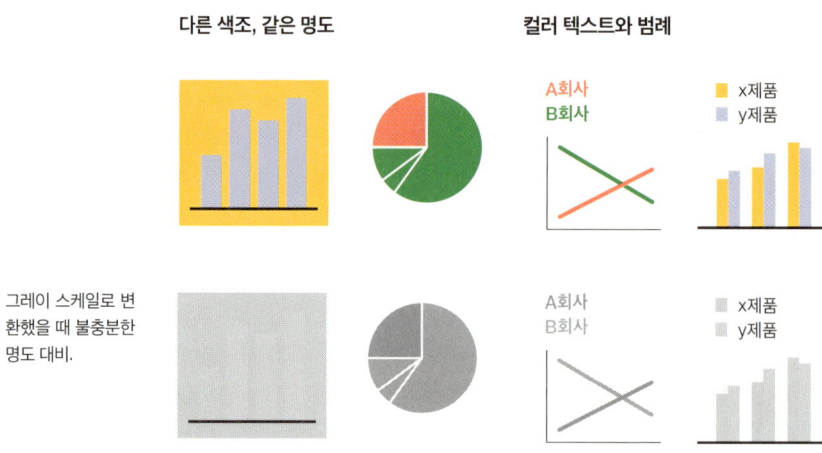

효과적인 색상 선택을 위한 전략

1 글꼴 색은 검정으로 설정하라

검정은 가장 높은 대비를 가져온다. 검정 글꼴을 밝은 바탕에 쓸 때 가장 효과적이다. 컬러 글꼴은 색각이 정상인 독자들조차 읽기 어렵다. 디자인 관점에서 짙은 바탕을 꼭 써야 한다면 컬러 글꼴이 아닌 흰색 글꼴을 사용하라.

 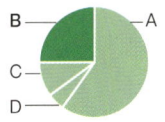

2 차트 항목은 해당 차트 요소 바로 옆에 작성하라

차트 바로 옆에 항목명을 작성하는 것이 모든 독자에게 도움이 된다. 색상별 일러두기를 반드시 작성해야 하는 경우라면, 명도 대비가 높은 색상을 선택했는지 확인하라.

특정 막대나 선을 강조할 때 짙은 색 선을 쓸 뿐만 아니라, 항목명에도 볼드체를 쓸 수 있다. 오른쪽 파이 차트에서 B 영역을 보라. 정보를 표현할 때 이렇게 중복해서 쓰면, 색상을 통해 전달되는 모든 정보가 흑백인 상태에서도 명료하게 전달된다.

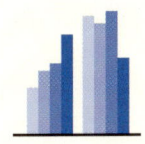 

3 반드시 명도 대비를 높여라

다른 색상을 사용하여 서로 다른 차트 요소를 구분하거나 데이터의 변화를 암시하려면 사용한 색상보다 밝거나 짙은 색을 사용하라. 눈은 명암을 더 쉽게 구분한다. 색상의 명도 대비가 충분히 높은 차트는 모든 독자에게 더 편안하게 다가간다.

4 최종 테스트: 그레이 스케일로 변환하라

차트를 흑백으로 인쇄하거나 복사하여 색상 대비가 아닌 명도 대비가 충분한지 테스트한다. 흑백인 상태에서도 알아볼 수 있다면 색상 선택이 잘 된 것이다.

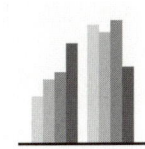 

색상

컬러스케일 응용

열지도heat map는 투자자들이 변화하는 시장 상황에서 새로운 기회를 발굴하기 위해 사용하는 도구 중 하나다.

일련의 열지도를 나란히 펼쳐 놓으면 서로 다른 주식의 주가가 어떻게 같이 움직이는지 드러내는 데 도움이 된다.

예시
하루 거래일 동안 주가 지수 옵션의 변동성 변화

권리 행사
가격

계약 만기일

색상은 평면에 위치한 세 개의 변수들 간의 관계를 보여주는 데 사용된 제3의 정보다. 위의 열지도는 옵션 변동성 변화가 만기일과 권리행사 가격에 따라 어떻게 달라지는지를 보여준다.

연속 범위의 값을 나타내는 단위라면 색상 변화율로 나타낼 수 있다.

1장 기본원칙

전반적으로 컬러 스케일은 색상과 상관없이 가장 옅은 색에서 점점 짙은 색으로 부드럽게 옮겨가거나 반대 방향으로 가야 한다. 스펙트럼의 중앙에 짙은 색과 옅은 색이 번갈아 나오면 안 된다.

2장 똑똑하게 차트 그리기

차트를 만들 때, 복잡한 정보를 가장 효과적으로 표현할 수 있도록 데이터를 해석하고 형식을 선택하는 일은 바로 여러분의 몫이다. 이번 장에서 소개할 기본 원칙을 신중하게 적용하면 평범한 차트가 강력한 차트로 변모할 것이다.

    이번 장에서는 좋은 차트와 나쁜 차트 선별 사례를 구체적으로 다룬다. 각 주제를 두 쪽에 걸쳐 펼쳐 놓고 나쁜 사례는 왼쪽에, 잘된 사례는 오른쪽에 배치했다. 여러분은 여기에서 절대적으로 옳거나 틀린 차트를 보게 될 것이며, 어느 쪽이 더 효과적인 차트이고, 어느 쪽 차트에 핵심 정보가 빠져 있는지도 보게 될 것이다. 예를 들어, 파이 차트를 마치 시계를 보듯이 읽는다고 가정해보자. 파이 차트에서 가장 큰 파이 조각을 12시를 기준으로 오른쪽에 배치하는 게 가장 합리적이다. 이렇게 배치하면 해당 파이의 중요성을 강조할 수 있다.

 부정확
부적절

 정확
효과적

선

높이와 굵기

선 아래의 음영 처리는 반드시 차트의 기준선이 0인 경우에만 허용된다. 선 아래를 음영으로 채우면 선 차트가 영역 그래프로 바뀐다. 막대 차트처럼 영역 그래프도 개별 수량을 나타낸다. 0에서 시작하지 않는 추세선 아래에 색상을 넣게 되면 데이터가 잘린다.

와전된 추세선

선 차트의 목적은 추세를 보여주는 데 있다. 완만한 기울기의 선이 나올 수밖에 없는 Y축 척도로 설정하는 것은 선 차트의 목적을 위반하는 것이다. 반면에 지나치게 극적인 상황을 만들어내는 과장된 선도 데이터를 공정하게 표현하지 못한다.

누락된 영역

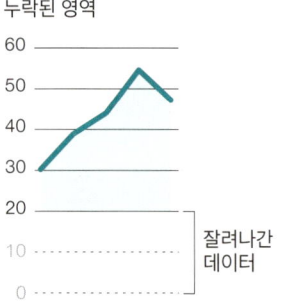

기울기가 너무 평평하면 메시지가 분명하지 않다.

기울기를 너무 과장하면 메시지도 과장된다.

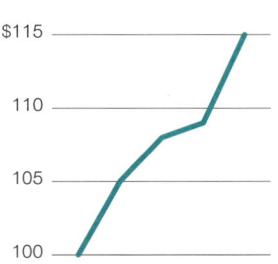

사라진 굴곡

선 차트는 아주 작은 공간에 많은 정보를 담을 수 있다. 선이 가늘면 바탕에 묻혀 희미해질 수 있다. 그러나 선이 너무 굵으면 고점과 저점 사이의 데이터 포인트가 불분명해진다.

선이 너무 가늘면 가독성이 떨어진다.

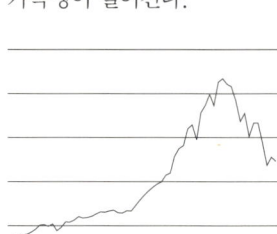

선이 너무 굵으면 세밀한 정보가 묻혀버린다.

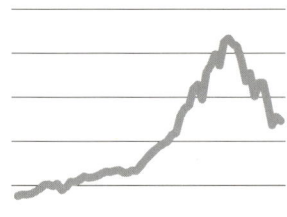

적절한 높이는 차트의 2/3 영역을 차지

Y축 척도를 설정할 때는 추세선이 차지하는 높이가 대략 차트 영역의 2/3가 되도록 한다. 또, Y축의 척도 단위는 관련된 참조점들을 아울러야 하며, 이때 참조점들은 척도의 범위를 결정하고 임의성을 줄이는 데 도움이 된다. 일례로 주식 차트의 변동 범위에는 52주간 최저·최고가를 포함시켜야 한다.

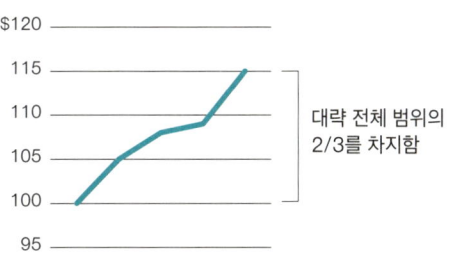

디테일이 살아있는 적절한 두께

추세선의 두께는 바탕의 그리드 선에 비해 눈에 띌 만큼 굵어야 하지만, 구불구불 굴곡진 부분이 드러날 만큼은 가늘어야 한다. 그리드 선은 가늘게, 0 기준선은 그리드 선보다는 약간 굵게 표현한다.

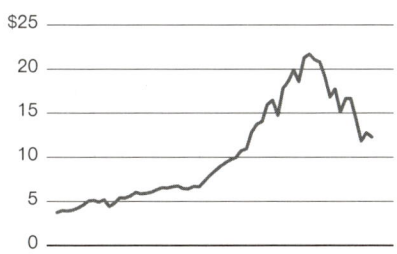

선은 주가와 주가지수처럼 시간 흐름에 따른 연속적인 데이터 흐름을 나타낼 때 가장 유용하다. 선은 추세, 가속이나 감속, 변동성을 표현해야 할 때 적절하며, 급격한 고점과 저점을 표시해야 할 때도 유용하다.

막대 차트와 달리 추세선은 0 기준선이 반드시 필요하지는 않다. 예를 들어 0 기준선에서 몇천 단위의 범위를 포괄하는 주가지수 차트로는 1일 변동성을 알아보기 어렵다.

용어

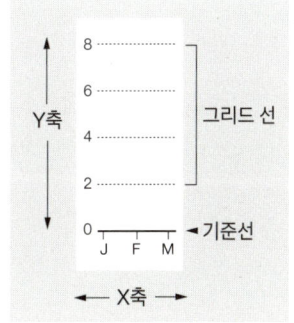

선

Y축의 증가분

비록 선 차트의 데이터가 0을 포함하지 않아 0 기준선을 설정할 필요가 없다 해도 Y축 시작값을 0이 아닌 0에 가까운 수로 잡는 것은 피한다. 만약에 그리드 선을 몇 개 더 추가하여 0 기준선을 드러낼 수 있다면 그렇게 하라.

나쁜 증가분

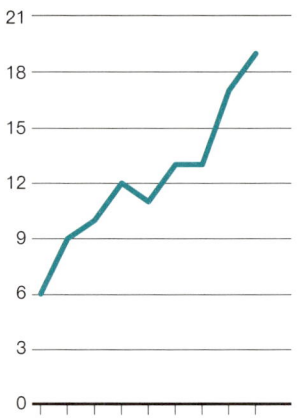

나쁜 기준선

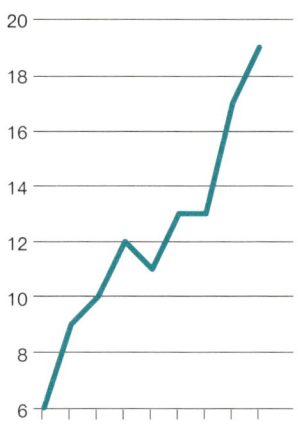

생경한 증가분

- 0, 3, 6, 9, 12, 15
- 0, 4, 8, 12, 16, 20
- 0, 6, 12, 18, 24, 30
- 0, 8, 16, 24, 32, 40
- 0, 12, 24, 36, 48
- 0, 15, 30, 45, 60
- 0, 0.4, 0.8, 1.2, 1.6

위의 오른쪽 차트는 6, 8, 10, 12 등으로 Y축 증가분을 그런대로 괜찮게 표시했지만, 추세선이 6에서 시작하는 바람에 상향 추세가 실제보다 과장되게 나타났다.

Y축 증가분을 잘 활용한 두 가지 예

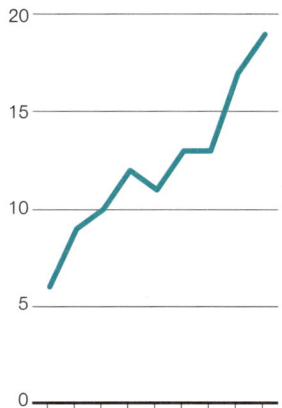

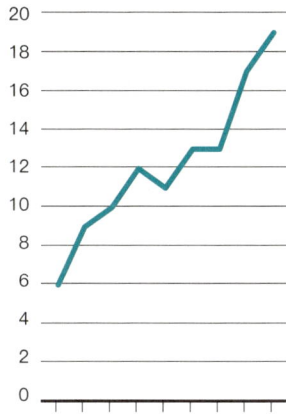

단순함을 유지하면서도, **0, 5, 10, 15, 20을 셀 때처럼 자연스럽게 사용하는 증가분을 사용하라.** 이때, 독자는 두 개의 그리드선 사이의 데이터 포인트를 쉽게 인식할 수 있다.

자연스러운 증가분

- 0, 1, 2, 3, 4, 5
- 0, 2, 4, 6, 8, 10
- 0, 5, 10, 15, 20
- 0, 10, 20, 30, 40, 50
- 0, 25, 50, 75, 100
- 0, 0.2, 0.4, 0.6, 0.8, 1.0
- 0, 0.25, 0.50, 0.75, 1.00

선

깔끔한 선, 명확한 신호

설령 색을 사용할 수 있다 해도 차트 하나에 네 개 이상의 선을 그려 넣으면 안 된다. 형형색색의 선 때문에 핵심 메시지를 찾지 못하게 될 것이다.

뒤죽박죽 선은 금물

각각의 선을 다르게 표현하려다보면, 도구상자에 있는 각종 선들과 구분 표시를 적용해보고 싶어진다. 그러나 이는 오히려 정보를 나타내는 선들이 묻히게 되는 결과만 가져온다.

차트에 나타낼 선의 개수를 4개 이하로 제한하면, 실선만으로도 차트를 그리는 게 가능하다. 굵기와 명도를 달리하는 것이 각종 패턴이나 표시를 쓰는 것보다 선을 구분하는 데 더 효과적이다.

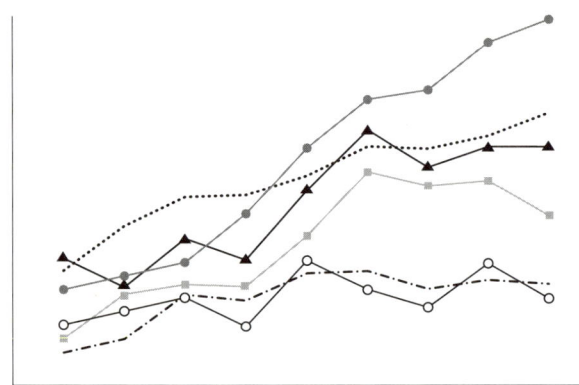

차트 하나에 선은 네 개 이하

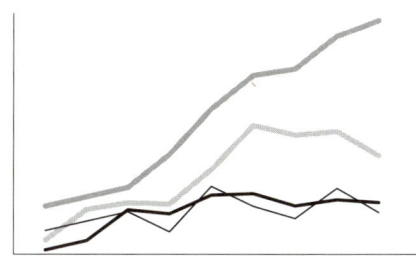

차트 하나에 표현할 선은 3개까지로 제한하며, 교차 지점이 많지 않으면 최대 4개까지도 가능하다. 차이점을 보여줄 세네 개의 데이터 집합을 선별한다. 많다고 꼭 더 좋은 건 아니다. 다중 선 차트의 목적은 서로 다른 데이터 집합을 비교 대조하는 데 있다. 하나의 차트에 선이 너무 많으면 그림이 복잡해지고 차트의 본래 목적을 상실한다.

흑백 다중 선 차트에서는 가장 짙은 색 선이 가장 중요한 데이터 집합을 나타내야 한다. 컬러 차트에서는 가장 중요한 선만 다른 색으로 나타낸다. 예를 들어 중요한 선은 빨강, 나머지는 파랑 같은 제2의 색상을 명도를 달리해서 표현한다. 서로 다른 색깔의 선들은 혼란스러운 데다가, 색맹인 독자들은 판독 자체가 불가능할 수 있다.

차트 패널

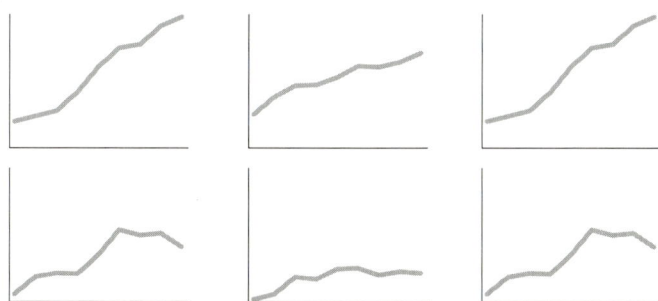

데이터 집합이 4개 이상이면, 개개의 차트를 배열하여 패턴을 보여 줄 수 있으며, 뒤죽박죽 선이 한데 섞여 있는 차트보다 비교하기도 더 쉽다. 이랬을 때, 각 선의 의미가 더 명확하게 드러난다.

선

범례와 항목명

선에 항목을 달 때 선을 뒤덮을 정도로 길게 설명을 달지 마라. 항목은 간결하고, 짧은 한 문장이 넘지 않도록 한다.

아래 그림을 보면, 텍스트가 선을 압도하고 있다.

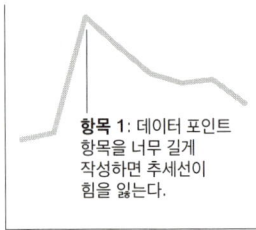

항목 1: 데이터 포인트 항목을 너무 길게 작성하면 추세선이 힘을 잃는다.

항목명이 선에서 너무 멀어지지 않도록 하라

범례가 선과 떨어져 있으면 독자가 선과 항목명을 상호 참조할 때 더 많은 노력을 들여야 한다.

범례와 차트를 찾아 눈동자가 방황하게 되면 막상 선 사이의 관계에 집중하기 어려워진다.

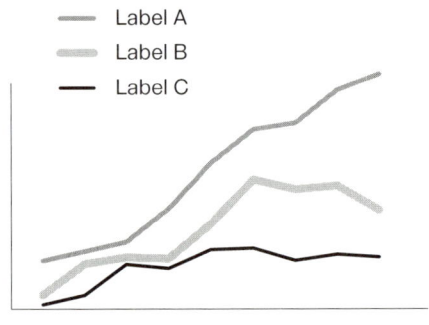

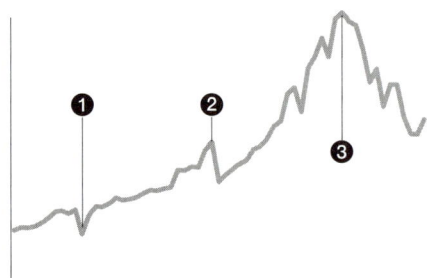

❶ 포인트 1의 설명을 여기에 쓴다.

❷ 포인트 2의 설명을 여기에 쓴다.

❸ 포인트 3의 설명을 여기에 쓴다.

선 바로 옆에 항목명을 달아라

범례라고 꼭 작은 상자에 담아 차트 구석에 박아놓을 필요는 없다. 선 바로 옆에 항목을 달면 독자가 신속하게 선을 구분하고 패턴을 비교 대조하는 데 집중할 수 있다.

범례는 공간이 넉넉지 않고 선들이 많이 교차하는 경우에만 사용한다. 범례 순서는 선 마지막 끝점의 순위로 배열한다. 선의 끝점이 가장 최근의 데이터 포인트이기 때문이다.

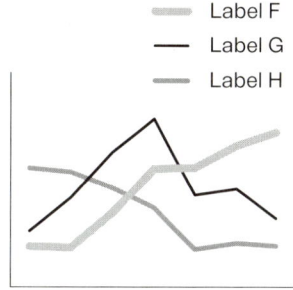

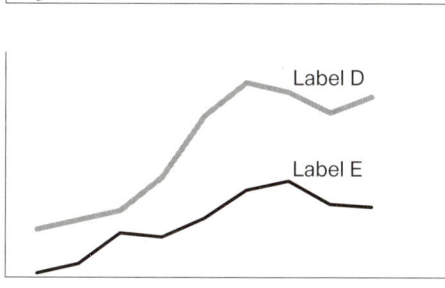

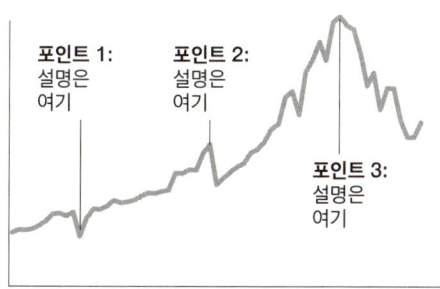

선

이중축 척도

두 개의 데이터 계열로 같은 종류의 양(주식 가격 같은)을 다룰 때 이중축 척도(left-right y-axis scales)를 사용하지 마라. 그 대신 비교 가능한 척도를 쓰거나, 두 계열의 데이터를 비교할 수 있는 증감률로 차트를 그려라.

성질이 다른 것을 섞지 마라

상관관계가 없는 두 데이터 계열을, 한 척도는 왼쪽 Y축에 다른 하나는 오른쪽 Y축에 놓고 차트로 구성하지 마라. 공간 절약이라는 명목이 여기에서는 적합하지 않다.

예시
시장 지수에 따른 매출액을 이중축 척도로 나타냈다.

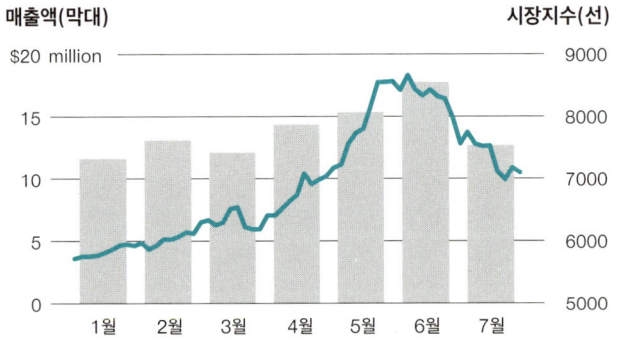

주식시장이 매출에 영향을 준다고 주장할 사람도 있겠지만 이 둘의 관계는 직접적이지도, 측정 가능하지도 않다. 두 개의 변수를 겹쳐놓으면 차트가 더 혼란스러워질 뿐이다.

함께 움직이는 데이터

이중축 척도를 사용하면 두 개의 직접적인 연관성을 띤 데이터 집합이 어떻게 함께 움직이는지 볼 수 있다.

예시
아래 차트는 시장점유율 확대가 매출을 늘리는 데 도움이 되지 않음을 보여준다.

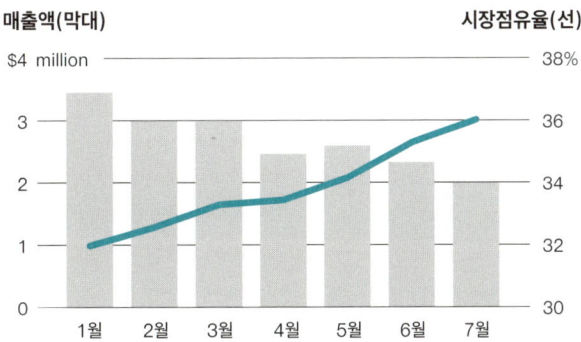

가급적 이중축 척도는 사용하지 않는 게 좋다. 척도를 어떻게 선택하느냐에 따라 두 선 간의 관계가 확연히 달라보일 수 있다.

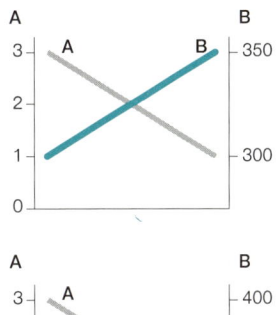

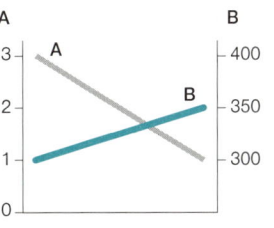

항상 척도 항목을 분명히 밝혀 혼란을 피하라.

　각 데이터 집합의 성격에 맞는 적합한 차트 유형을 고수하라. 연속적인 데이터는 선으로, 개별 측정치는 막대로 나타낸다. 멋 부리겠다고 원칙에서 벗어나지 마라. 유일하게 예외가 허용되는 경우는 두 개의 데이터 집합의 성격이 모두 수직 막대 유형에 해당될 때다. 이런 경우, 둘 중 하나는 선으로 변환하라.

비교 가능한 척도

비교 가능한 척도의 범위를 계산할 때 다루기 어려운 Y축 증가분을 사용하지 마라.

편향된 비교

두 개 이상의 차트를 같은 공간에 병렬로 배치하면, 독자는 무의식적으로 해당 선들을 비교 대조하려 든다. 비교할 수 없는 척도로 두 데이터 집합을 나타내면 공정하지 않게 데이터가 표현된다.

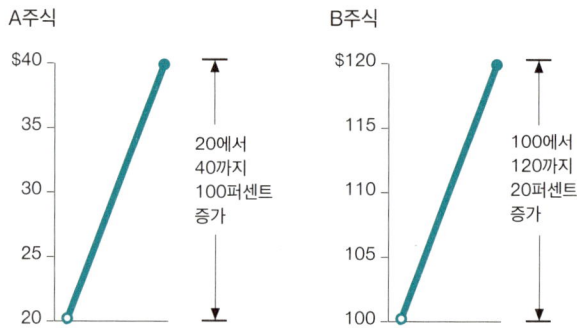

A주식과 B주식의 주가가 모두 20달러씩 증가했다. 같은 기간 B주식이 20퍼센트 증가한 데 비해 A주식은 100퍼센트 증가했다. 그러나 그림을 보면 양쪽 선 모두 기울기가 같다.

독자가 양쪽 선에 대한 증감률을 따로 계산하지 않는 한 틀린 결론에 도달할 것이다.

위 차트는 A주식과 B주식에 투자한 투자자들이 동일한 투자대비 수익률을 거두는 것처럼 보이게 한다.

타당한 비교

두 개 이상의 데이터 집합을 대조할 때 비교 가능한 척도를 사용하라.

상대적인 성과가 선의 기울기를 통해 분명하게 드러나야 한다. 양쪽 차트에 있는 Y축 척도의 증감률도 같아야 한다.

데이터 집합들이 비슷한 분포 범위를 가질 때, 한 개의 차트로 구성하는 것이 쉽고 빠르게 데이터를 비교할 수 있는 가장 좋은 방법이다.

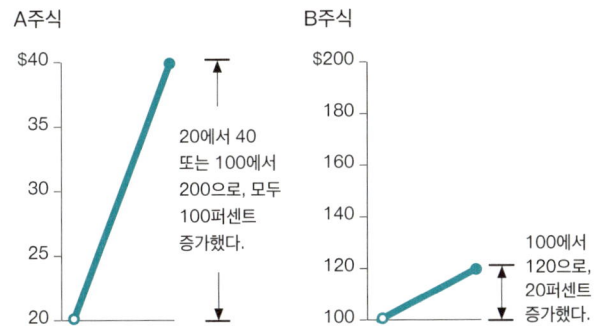

위 예시에서 Y축 척도의 범위는 20달러에서 40달러로, 증감률로 따지면 100달러에서 200달러의 증감률과 같다.

A주식과 B주식이 모두 20달러씩 증가했지만, A주식 투자자들이 B주식 투자자들보다 같은 기간에 5배나 높은 수익을 올렸다.

수직 막대

형태와 음영

막대의 뒤쪽에 그림자 효과를 주지 않는다. 막대 차트는 예술작품이 아니다. 그림자에는 정보나 데이터가 담겨 있지 않다.

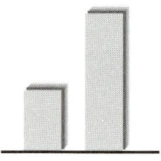

지나치게 좁은 막대

수직 막대는 개별 수량을 나타낸다. 막대의 폭이 너무 좁으면 시선이 막대와 막대 사이의 빈 공간으로 가지만, 이 공간에는 아무런 데이터가 없다.

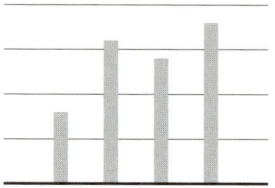

집중을 방해하는 음영

모든 막대가 같은 종류의 변수란 점에서 제각기 다른 음영은 데이터와 상관이 없다. 이런 불필요한 음영은 독자의 막대 비교를 방해할 뿐이다.

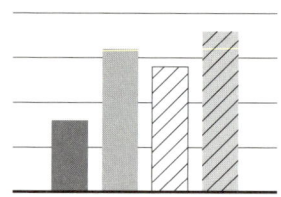

막대 끝이 어디지?

3차원 수직 막대는 완전히 잘못된 선택이다. 독자가 그리드 선에 닿는 입체 막대 끝부분이 어디인지 추측해야만 하기 때문이다. 3차원 막대로 표시한다고 정보가 추가되는 것도 아니다.

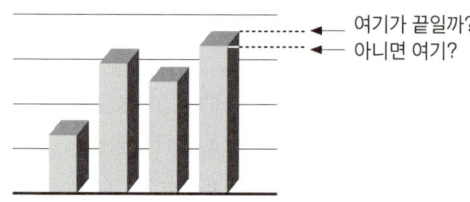

막대 자체에 모든 정보를 담아라

막대 너비는 막대와 막대 사이 간격의 약 두 배 크기로 잡는다.
한 차트에 있는 모든 막대의 색과 음영은 하나로 통일한다. 같은 변수를 측정했기 때문이다.

회색 바탕색을 사용하여 막대 차트에서 음의 영역임을 드러낼 수 있다.

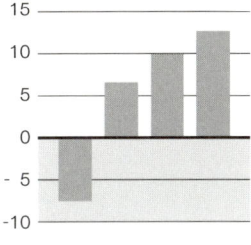

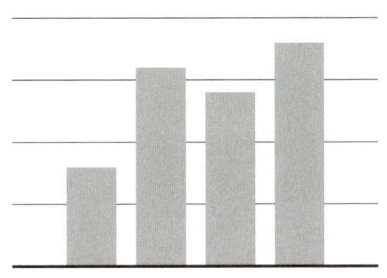

예상값과 추정값

다른 막대보다 옅은 색상 막대로 예상값과 추정값을 실제 값과 구분할 수 있다.

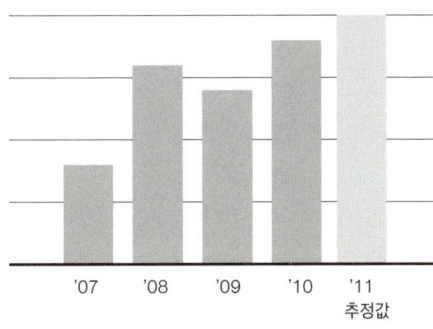

수직 막대

0 기준선

설령 막대 밑부분을 들쑥날쑥 자른 모양으로 만들어 이 차트가 0 기준선에서 시작하지 않음을 나타내려 했다 해도, 일단 각 막대의 전체 값을 비교하는 건 쉽지 않다.

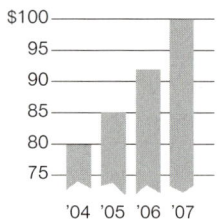

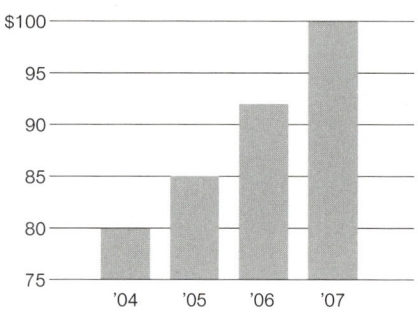

잘라내는 것은 왜곡이다.

막대 차트는 0 기준선에서 시작하지 않으면 오해의 소지가 있다. **막대를 잘라내면 각 막대의 전체 값이 명료하지 않게 된다.** 게다가 데이터를 비교하기도 어려워진다.

위 예시의 차트는 2007년 매출이 2004년보다 5배 증가했음을 나타내려 한 것처럼 보인다. 그러나 실제로 2004년 대비 2007년 매출은 25퍼센트 증가에 그쳤다. 그러나 독자가 이런 사실을 알려면 직접 숫자를 계산하는 수밖에 없다. 결국 차트 작성 의도를 헛되게 한다.

같은 데이터를 더 잘 표현하려면 맞은편 페이지의 차트를 보라.

0 기준선에서 시작하라. 예외는 없다!

수직 막대는 **개별 수량**을 나타낼 때 사용하며, 특히 특정 기간 동안 측정한 개별 데이터 집합을 나타낸다. 매출이나 소득이 대표적인 예다.

0 기준선을 다른 그리드 선보다 두껍고 진하게 그려라.

수직 막대의 값이 0에 가까우면 항상 막대 위에 수치도 같이 표시한다.

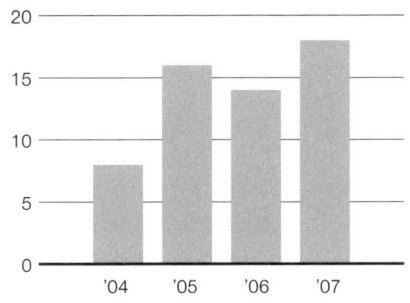

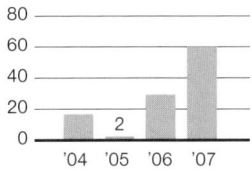

다른 방법

데이터 포인트 값들이 고만고만하여 막대 높이로는 별 차이가 나지 않으면, 차이 값 또는 증감률로 차트를 구성하는 게 더 효과적일 수 있다.

연도	매출액	전년 대비 변화
2004	$ 80 million	
2005	85	+$ 5 million
2006	92	+ 7
2007	100	+ 8

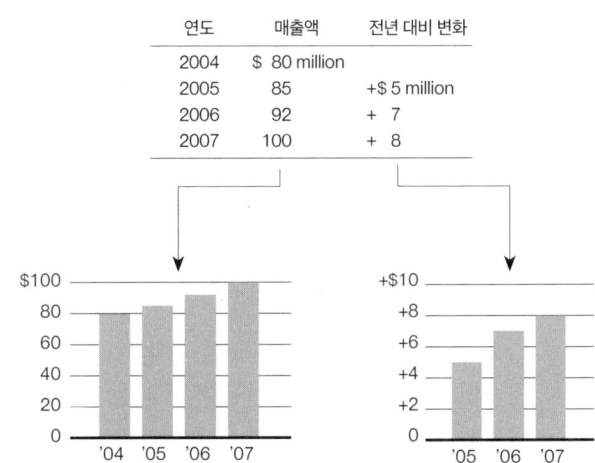

수직 막대

다중 막대와 범례

수직 막대 차트의 X축에 항목을 달 때 글꼴을 기울이지 마라. 이때는, 데이터를 수평 막대로 표현하라.

떨어지는 가독성

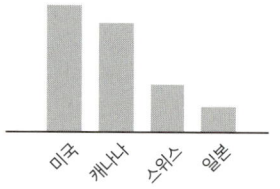

다른 방법

얼룩말 무늬는 금물

옅은 색 막대와 짙은 색 막대를 번갈아 배치하면 어지러워 보인다. 데이터 비교도 불가능해진다.

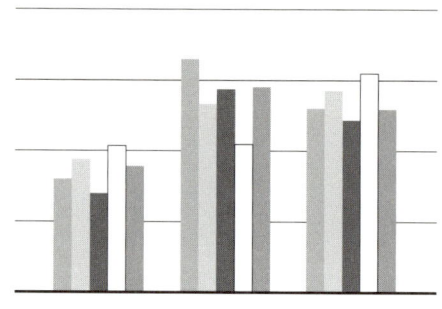

범례를 역순으로 제시하지 마라

범례의 항목들을 막대 순서와 다른 순서로 작성하면 혼란을 초래한다. 범례는 독자에게 정보의 단서를 제공한다. 범례를 차트 아래쪽에 배치해서는 안 된다.

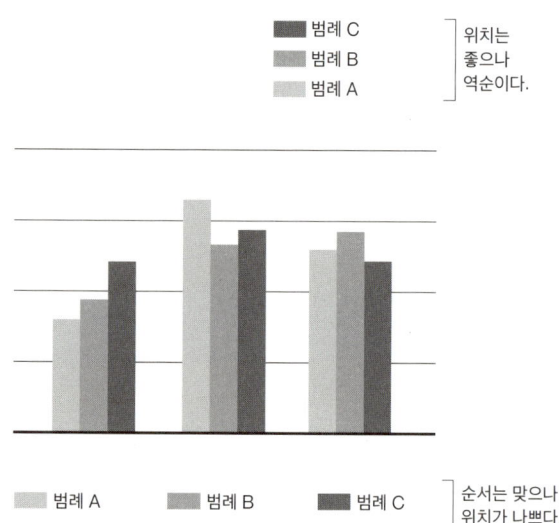

가장 옅은 색에서 가장 짙은 색으로

비교하기 쉽도록 다중 막대의 음영은 가장 옅은 색에서 짙은 색으로 옮겨간다.

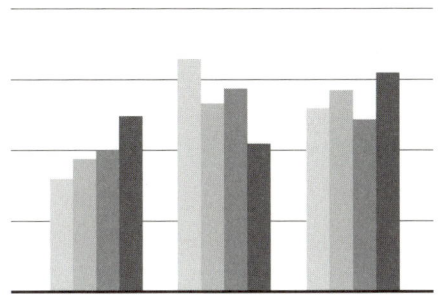

올바른 순서

다중 막대 차트에서 범례를 활용할 수 있는데, 이는 항목명을 차트에 직접 달면 지저분해지기 때문이다.

    범례의 항목 순서는 막대의 순서와 같게 하여 쉽게 참조할 수 있어야 한다. 왜 독자를 고생시키려 하는가?

다중 막대 차트에서 막대 그룹 안의 막대 개수는 4개 이하로 제한한다. 시각적으로 5개 이상의 막대를 비교 대조하기란 어렵다. 이 원칙은 컬러를 사용할 수 있다 해도 적용된다. 무지개 색깔의 막대를 이해하는 게 훨씬 어렵다.

차트에 항목을 직접 다는 방식이 실용적인 경우는 다중 막대 차트에 있는 막대 그룹 안의 막대가 두 개일 때다. 그러나 막대 그룹 내에 막대가 3개 또는 4개인 경우엔 범례를 제시해야 더 깔끔하다.

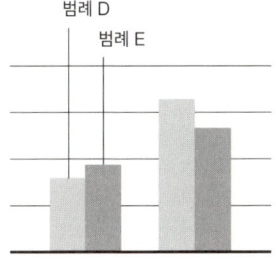

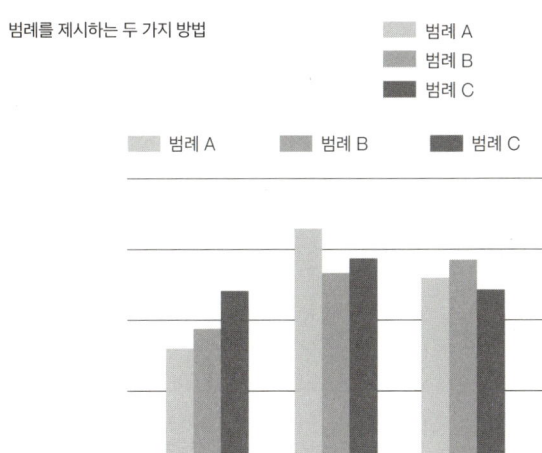

수직 막대

끊어진 막대와 특이값

끊어진 막대의 길이를 짧게 줄여서 나머지 막대들의 높이와 비슷하게 맞추지 마라. 특이값(outlier)은 나머지 막대들보다 높이가 훨씬 높아야 하며, 한눈에 특이값처럼 보여야 한다.

너무 적은 샘플 데이터

데이터 포인트가 십여 개 미만인 데이터 집합이라면 막대를 끊지 마라. 데이터 샘플의 수가 너무 적으면 어떤 데이터 포인트가 특이값인지 판단할 수 없다.

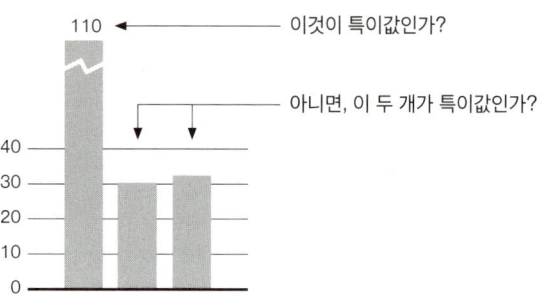

값의 차이가 크지 않을 때

최고값과 그다음 값의 크기가 두 배 이상 차이 나지 않으면 막대를 끊지 마라. 척도를 확장하고 일반 막대 모양으로 표현한다.

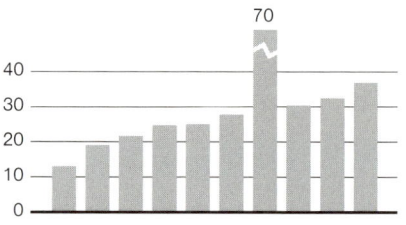

끊어진 막대는 조금만 사용하라

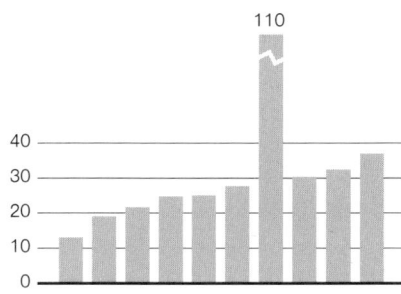

특이값을 제외한 모든 막대가 편안하게 차트에 배치되도록 Y축 척도를 설정하라.

끊어진 막대의 데이터 포인트 값은 항상 막대 바로 곁에 달아준다.

끊어진 막대는 수직 막대 차트에서 특이값을 보여줄 때 사용하기도 한다. 그러나 끊어진 막대로 표시하기 전에 다음 사항을 확인하라.

- ☑ 데이터 출처가 특이값에 대하여 정확한 수치를 제공했다.
- ☑ 최소한 막대 10개가 있고 그중 특이값은 단 한 개뿐이다.
- ☑ 특이값과 특이값 다음으로 큰 값의 차이가 대략 3배 또는 그 이상이다.
- ☑ 특이값은 메시지의 핵심이 아니다. 예를 들어 지난해에 평년 대비 3배의 매출을 거뒀다고 하자. 해당 매출액에 대한 데이터 포인트를 끊어진 막대로 표시하면, 탁월한 성과라는 의미의 시각적 효과가 줄어든다.

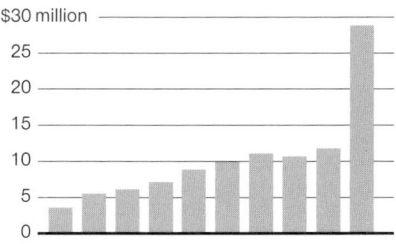

수평 막대

순서 매기기와 재편성하기

수직 막대 차트와 마찬가지로 수평 막대 차트에서도 막대 음영을 각각 다르게 하거나 3차원으로 나타내지 마라.

수직 다중 막대 차트와 비슷하게 수평 다중 막대 차트에서도 막대 그룹 내의 막대 개수를 4개 이하로 제한해야 한다. 막대 색은 가장 옅은 색에서 짙은 색 순으로 배치하여, 독자가 쉽게 데이터를 비교 분석할 수 있도록 한다.

무작위 막대 배열은 금물

수평 막대를 임의로 배열하지 마라. 수평 막대 차트의 중요한 특징은 동일한 속성에 따라 항목들의 순위를 매긴다는 데 있다. 막대의 순서를 임의로 배열하면 수평 막대 차트의 본래 목적이 훼손된다.

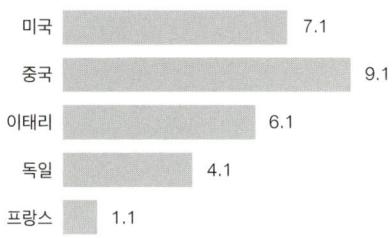

그리드 선과 척도는 피한다

수평 막대는 수직 막대들을 비교하는 것만큼 쉽지 않다. 척도와 그리드 선을 사용하게 되면 수평 막대들 간의 길이를 상대적으로 비교하는 게 훨씬 더 어려워질 수 있다. 항목명은 막대 옆에 직접 다는 게 더 깔끔하고 분명하다.

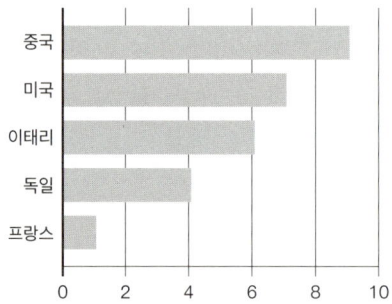

2장 똑똑하게 차트 그리기

올바른 순서

수평 막대 차트는 동일한 특성에 따른 순위를 매길 때 가장 유용하다. 이를테면 특정 제품 매출액에 따른 국가 순위를 매기는 경우다.

수평 막대를 배열할 때는 가장 큰 값부터 작은 값 순으로 하거나, 그 역순으로 한다. 음영을 달리하여 특정 막대를 강조할 수 있다.

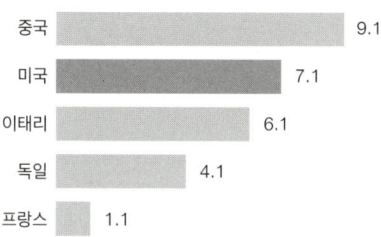

예외: 크기 순서로 배열하는 규칙에서 예외가 허용되는 때는 알파벳 순서처럼 특정 순서로 배열했을 때 가독성이 높아지는 경우다. 50개 주를 한 차트로 구성할 때가 바로 그런 예다.

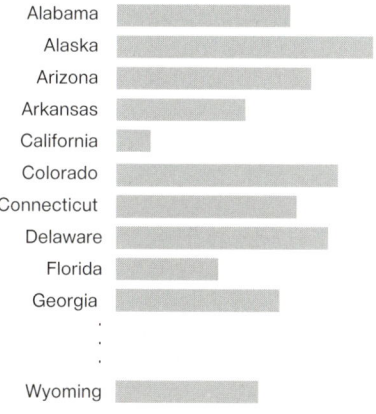

수평 막대를 시간순으로 표현할 때는 가장 최근 데이터 포인트부터 위에서 아래로 배열한다.

수평 막대를 아래위로 길게 나열할 때는 데이터 포인트 값을 오른쪽 정렬하고, 막대를 3개에서 5개의 그룹으로 나눈 다음, 가는 선으로 구분해주면 독자가 가로 방향으로 읽는 데 도움이 된다.

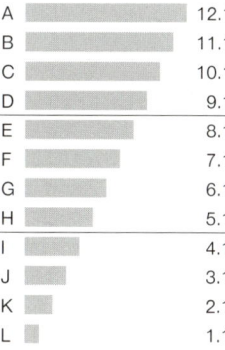

69

수평 막대

음수를 나타내는 막대

대부분의 값이 음수인 경우 수평 막대는 쓰지 않도록 하라. 수직 막대 밑에 항목명을 달기에 부적합한 상황만 아니라면 수직 막대를 사용하는 게 제일 좋다. 아래 그림에서 가로 형태의 기준선을 기준으로 한 수직 막대 차트가 0 기준선을 중심으로 왼쪽으로 막대가 배열되어 있는 수평 막대 차트보다 훨씬 강렬한 인상을 준다.

수평 막대 차트의 음수

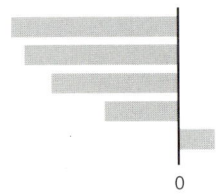

시각적으로 더욱 두드러지는 수직 막대 차트

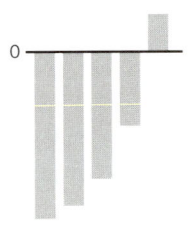

틀린 방향

0 기준선을 중심으로 음수를 나타내는 수평 막대를 오른쪽에 배치하지 마라. 설령 해당 데이터 집합에 양수가 없다 해도 오른쪽에 막대를 배치해서는 안 된다.

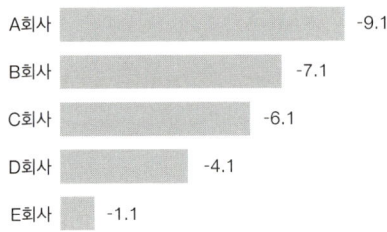

양방향 수평 막대는 안 된다*

인구통계 차트에서 간혹 남자에 대한 통계치를 한쪽에, 여자에 대한 통계치를 다른 쪽에 두는 경우가 있다. 그러나 대부분의 경우, 기준선을 중심으로 왼쪽은 음의 영역으로 남겨 둔다.

반대 방향을 향하고 있는 두 세트의 막대를 비교하는 건 어렵다. 차라리 두 개의 데이터 집합을 다중 막대 차트로 그리는 게 낫다.

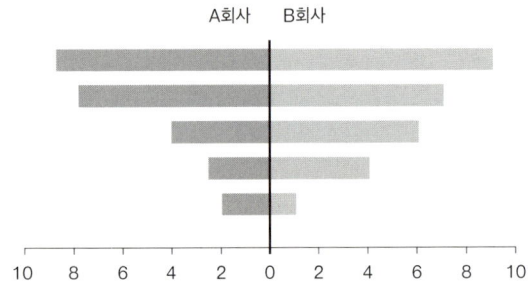

---

* (옮긴이) 콜린 웨어(Colin Ware)는 *Information Visualization: Perception for Design*에서 양방향 수평 막대는 대칭성 원리(게슈탈트 원리(the gestalt principles) 중 하나)와 관련하여 대칭성이 깨졌는지 여부를 효과적으로 드러낼 수 있다고 얘기한다.

왼쪽은 음수, 오른쪽은 양수

데이터 집합 내의 모든 값이 음수라 하더라도 음수는 항상 0 기준선을 중심으로 왼쪽에 배치하라. 기준선의 오른쪽 영역은 양수가 올 자리로 남겨둔다. 음의 영역이라는 사실을 강조하기 위해 0 기준선을 추가할 수 있다.

음의 막대를 양의 막대와 대비시키기 위해 좀 더 짙게 표현해도 된다.

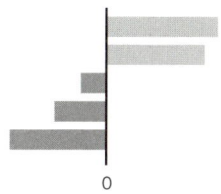

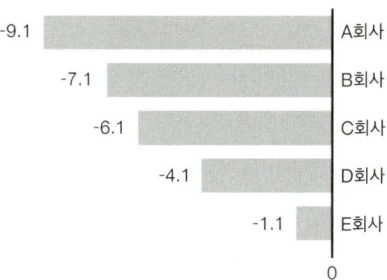

항목명은 기준선 옆에 붙이거나 모두 왼쪽으로 정렬한다.

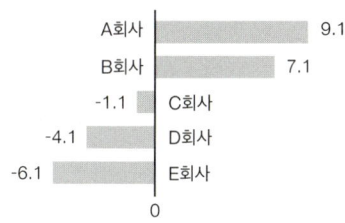

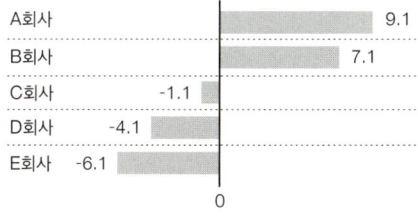

파이 차트

파이 조각내기

파이 차트는 파이 조각들 간의 복잡한 관계를 설명할 때 쓰면 안 된다. 수직 막대 두 개를 비교하는 게 파이 조각 두 개를 비교하는 것보다 쉽다.

효과가 반감되는 정렬

사람들은 직관적으로 위에서 아래로, 시계 방향으로 읽는다. **차트를 그릴 때, 시계 방향으로 크기가 가장 작은 파이부터 가장 큰 파이 순으로는 절대로 배치하면 안 된다.** 시계 방향이든, 아니면 시계 반대 방향으로든 가장 작은 파이부터 가장 큰 파이 순대로 배치하게 되면 중요도가 가장 떨어지는 부분이 가장 눈에 띄는 위치에 오게 된다.

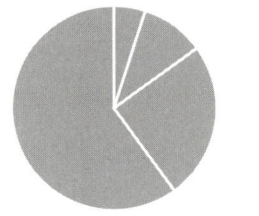 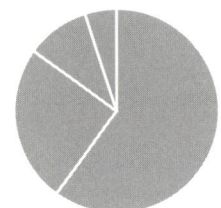

지나치게 많은 파이 조각

파이 조각이 너무 많으면 비교 대조가 어렵다. **파이 차트에서 파이 조각은 5개 이내로 한다.**

파이 조각이 5개를 넘으면 크기가 작고 덜 중요한 조각을 합쳐 다섯 번째 파이 조각으로 만들고 항목명을 '기타'라고 붙인다. 모든 파이 조각을 각각 전부 표시해야 할 경우에는, 누적 또는 분할 막대 차트로 그린다. 77쪽을 보라.

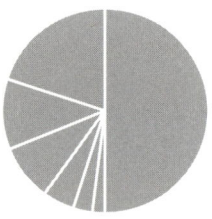

큰 파이 조각이 위에

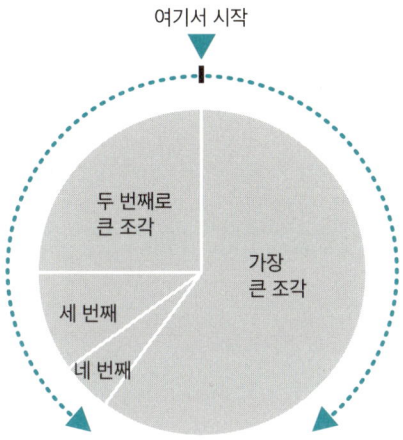

파이 차트를 읽는 법은 시계를 보는 법과 같다. 직관적으로 12시부터 시계 방향으로 읽는다.

따라서 가장 효율적인 차트 구성은 **가장 큰 파이 조각의 중요성을 강조하기 위해 12시 정각을 기준으로 오른쪽에 배치하는 것이다.**

나머지 조각을 배열하는 가장 좋은 방법은 두 번째로 큰 조각을 12시 정각을 기준으로 왼쪽에 놓는 것이다. 그리고 나머지는 크기순으로 시계 반대 방향으로 배치한다. 그러면, 가장 작은 조각이 차트에서 가장 중요도가 떨어지는 아래 부분에 오게 된다.

유일하게 예외가 적용되는 경우는 파이 조각의 크기가 비슷비슷한 경우다. 이런 경우 12시 정각을 기준으로 오른쪽에서 시작해서 시계 방향으로 가장 큰 것부터 작은 순서로 배치한다.

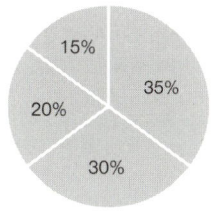

막대와 선 차트와 마찬가지로 항목명을 직접 붙여주면 독자가 각각의 파이 조각을 신속하게 파악하고 비교하는 데 집중할 수 있다.

파이 차트

파이 조각 꾸미기

파이 차트는 선이나 막대 차트에 비하면 복잡한 데이터를 표현하기에 효과적이지 않지만 전체에서 차지하는 비중을 보여주는 데는 훌륭한 시각적 도구다. 컬러나 3차원 효과를 써서 파이를 꾸미고 싶은 유혹을 물리쳐라. 이런 장식은 독자의 데이터 인식을 왜곡시킨다. **데이터와 아무런 관련이 없는 장식적 요소가 차트에 발붙이게 해서는 안 된다.**

산란한 음영과 색상

파이 조각이 알록달록하거나 음영이 제각기 다르면, 파이 조각들 간의 즉각적인 비교가 어려워진다.

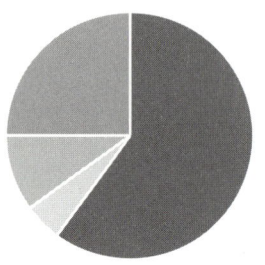

특수 효과 과잉

특정 파이를 강조하고 싶을 때는 한 가지의 특수 효과만 써라. 예를 들어, 강조하려는 파이의 밝기를 어둡게 함과 동시에 옆으로 따로 떼어 놓지 않는다.

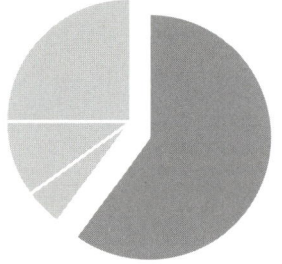

부정확한 데이터 표현

파이의 면적이 각 파이 조각 간의 상대적 값을 나타내므로 3차원 파이 차트는 전체 파이 대비 개별 파이 조각의 비율을 왜곡한다.

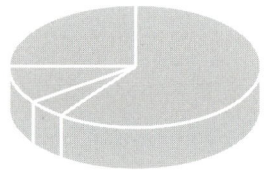

명암은 단순하게

보통 길이를 비교하는 게 크기가 다른 파이 조각의 면적을 비교하는 것보다 수월하다. 따라서 파이 조각의 명암은 단순해야 한다. 파이 차트는 독자가 전체 파이 대비 개별 파이 조각의 크기를 효율적으로 비교할 수 있도록 하는 데 그 목적이 있다.

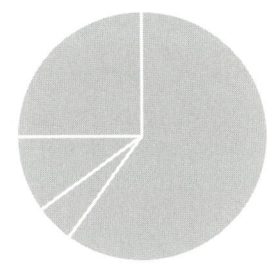

강조하는 파이 조각이 반드시 가장 큰 파이 조각일 필요는 없다. 그러나 그렇다고 해서 파이의 순서를 재정렬하지는 마라.

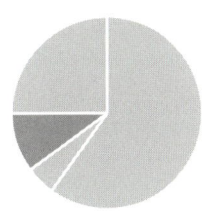

중요한 파이 조각은 강조한다

파이 조각 한두 개 정도는 밝기를 달리해 강조한다.

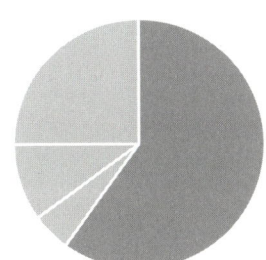

도넛형 파이 차트는 파이 안에 총계를 표시할 수 있다.

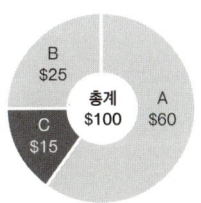

파이 차트

조각난 파이 또 조각내기

차트의 기능은 시각적인 메시지에 대한 즉각적인 인상을 남기는 데 있다. 독자로 하여금 머릿속에서 한 번 더 계산하게 만드는 차트는 목적 달성에 실패한 차트다. 언제나 독자를 배려하는 차트를 그려라.

이미 조각 낸 파이를 또 조각내지 마라!
기업에서 파이 차트를 흔히 쓰지만, 그렇다고 파이 차트가 시각적으로 다른 부분을 비교 대조하는 데 이상적인 유형의 차트는 아니다. 따라서 **파이 조각에 대한 파이 차트를 다시 그려, 그걸 파이 조각으로 또 나누면 이해하기 어렵다.** 독자 입장에서는 다시 나눈 파이 조각과 원래 파이 조각을 비교하기란 정말 어렵다.

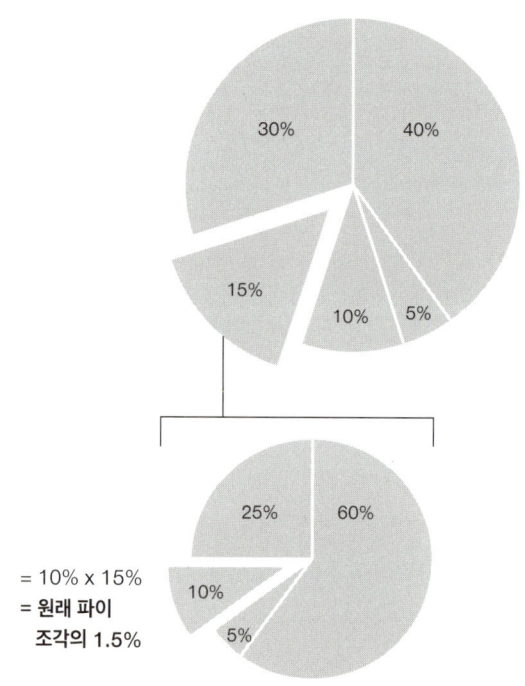

파이 조각 말고 분할 막대로

분할 막대 차트는 보통 전체 대비 일부를 보여줄 때 파이 차트보다 효과적이다. 게다가 파이 차트에 비해 정돈돼 보이면서도 더 많은 부분으로 나눌 수 있다. 항목값은 백분율과 실제 값을 반드시 모두 표기해야, 해당 부분의 실제 의미를 파악하는 데 도움이 된다.

분할 막대의 한 부분을 또 다른 분할 막대로 보여주는 방법 역시 좋은 선택이다.

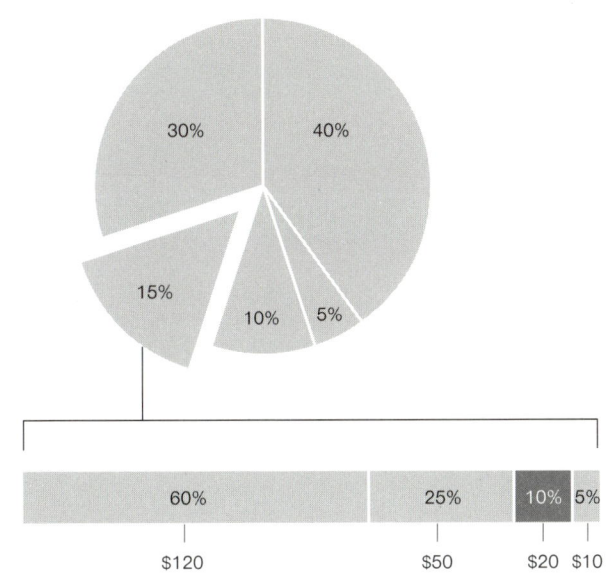
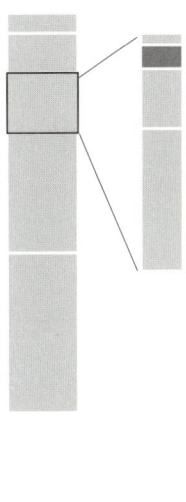

파이 차트

파이 크기 비교 방식

비례 파이 차트는 도넛형 파이 차트로 그리지 마라. 파이 안의 흰색 원이 두 파이 차트 나머지 영역의 비율을 왜곡한다.

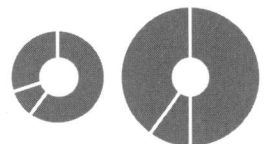

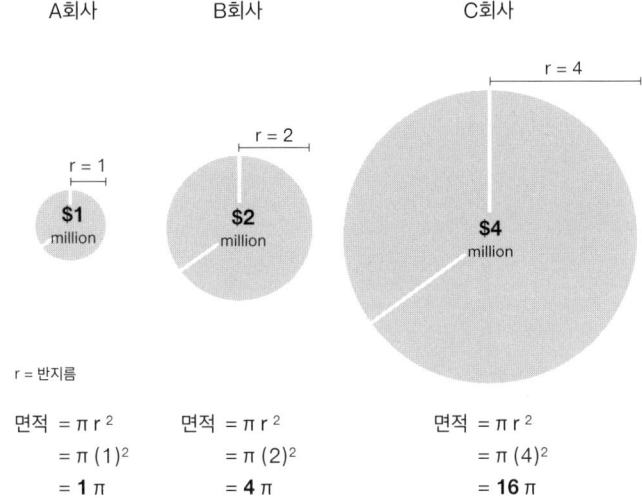

r = 반지름

면적 $= \pi r^2$ 면적 $= \pi r^2$ 면적 $= \pi r^2$
$\quad\ = \pi (1)^2$ $\quad\ = \pi (2)^2$ $\quad\ = \pi (4)^2$
$\quad\ = 1\pi$ $\quad\ = 4\pi$ $\quad\ = 16\pi$

반지름을 비율로 사용한 부정확한 비례

흔히 저지르는 실수 중 하나가 원의 반지름을 가지고 원의 상대적인 크기를 나타낸 경우다.

- 세 원의 반지름이 각각 1, 2, 4다.
- 세 원의 실제 비율은 1, 4, 16이다.

예시의 원들은 반지름 길이 비례로 그려졌다. 그림에서 C회사를 지나치게 과장했다고 보는 이유는 C회사를 나타내는 원의 면적이 A회사를 나타내는 원보다 16배나 크기 때문이다. 실제로 C회사는 A회사의 4배에 불과하다.

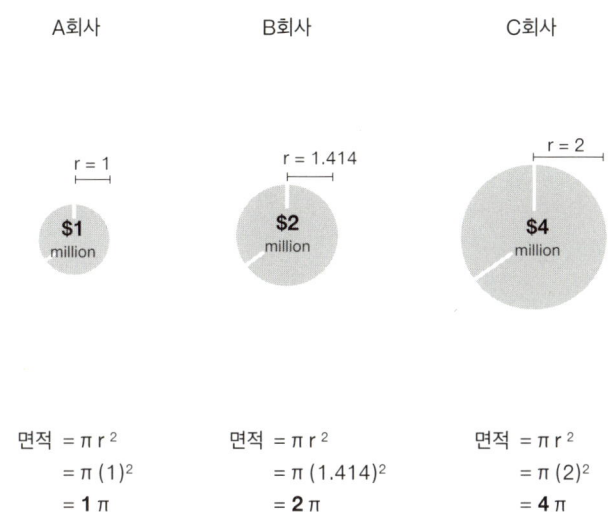

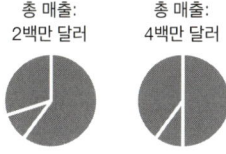

비례 파이는 두 개 이상의 파이 각각의 총계와 각 파이 차트의 파이 구성 비율이라는 두 가지 수준의 정보를 간결하게 보여준다.

파이 차트가 나타내는 정보를 명확하게만 표시한다면 총계는 달라도 크기는 같은 파이 차트 두 개를 사용할 수 있다.

면적을 비율로 사용한 정확한 비례

기하학 공식을 기억하는가?

면적= πr^2이다. 파이 크기는 언제나 표면적을 기준으로 계산해야 한다.

- 세 원의 반지름은 각각 1, 1.414, 2다.
- 세 원의 실제 비율은 1, 2, 4다.

세 개의 파이 차트는 원의 면적을 기반으로 그린 것으로, 정확하게 세 회사의 상대적인 규모를 나타내고 있다. 각각 1백만 달러, 2백만 달러, 4백만 달러 규모의 회사다.

표

그리드 선

표는 데이터가 방대하고 공간 제약이 있을 때만 사용하라. 줄줄이 나열된 숫자는 아무런 시각적 효과가 없다.* 독자가 표의 데이터를 비교 대조하려면 엄청난 수고를 해야 한다.

도움이 안 되는 그리드

가로세로 선들로 채워진 큰 표나 행 구분을 위해 한 줄 건너 한 줄씩 회색 음영을 준 표를 보면 기가 팍 질릴 수 있다. 빼곡한 선 때문에 독자가 데이터에 집중하기 어렵다.

표가 작다면 한 줄 걸러 회색 음영을 주거나 선을 그어주는 게 불필요하다. 눈으로 쉽게 표의 숫자들을 따라갈 수 있다.

회사명	데이터	데이터	데이터	데이터	데이터	데이터
A회사	0.0	0.0	0.0	0.0	0.0	0.0
B회사	0.0	0.0	0.0	0.0	0.0	0.0
C회사	0.0	0.0	0.0	0.0	0.0	0.0
D회사	0.0	0.0	0.0	0.0	0.0	0.0
E회사	0.0	0.0	0.0	0.0	0.0	0.0
F회사	0.0	0.0	0.0	0.0	0.0	0.0
G회사	0.0	0.0	0.0	0.0	0.0	0.0
H회사	0.0	0.0	0.0	0.0	0.0	0.0

회사명	데이터	데이터	데이터	데이터	데이터	데이터
A회사	0.0	0.0	0.0	0.0	0.0	0.0
B회사	0.0	0.0	0.0	0.0	0.0	0.0
C회사	0.0	0.0	0.0	0.0	0.0	0.0
D회사	0.0	0.0	0.0	0.0	0.0	0.0
E회사	0.0	0.0	0.0	0.0	0.0	0.0
F회사	0.0	0.0	0.0	0.0	0.0	0.0
G회사	0.0	0.0	0.0	0.0	0.0	0.0
H회사	0.0	0.0	0.0	0.0	0.0	0.0

회사명	데이터	데이터	데이터	데이터	데이터	데이터
A회사	0.0	0.0	0.0	0.0	0.0	0.0
B회사	0.0	0.0	0.0	0.0	0.0	0.0
C회사	0.0	0.0	0.0	0.0	0.0	0.0
D회사	0.0	0.0	0.0	0.0	0.0	0.0
E회사	0.0	0.0	0.0	0.0	0.0	0.0
F회사	0.0	0.0	0.0	0.0	0.0	0.0
G회사	0.0	0.0	0.0	0.0	0.0	0.0
H회사	0.0	0.0	0.0	0.0	0.0	0.0

* (옮긴이) John Tukey(*Exploratory data analysis*의 저자) 등에 따르면 숫자 자체를 그래픽 요소로 활용하는 다양한 방법이 있다(http://en.wikipedia.org/wiki/Stem-and-leaf_display 참고). 그리고 정렬된 숫자는 base가 10인 로그 척도(log scale)의 막대그래프와 같은 시각적 효과를 주면서도 동시에 정확한 숫자 자체를 표현해내는 좋은 표현 방법이기도 하다 (에드워드 터프티 교수가 *Visual Explanations* 등에서 말하는 Multi-functioning elements).

최적의 시각화 지침

가는 선을 3개에서 5개의 행마다 그어주면 표 안의 숫자를 따라가는 데 도움이 된다. 너비가 긴 표는 행 3개마다 선을 그어 줄 필요가 있다. 데이터 열이 두 개뿐인 폭이 좁은 표는 딱히 지침이 필요 없다. 특정 데이터 열이나 행을 강조하고 싶은 경우에는 음영을 주기도 한다.

정량적이고 기술적인 정보를 표 형태에 담아 표현하는 것이 방대한 양의 데이터를 표현하는 가장 손쉬운 방법이다. 그러나 신중히 사용해야 하며 최후의 수단으로 써야 한다. **사람들은 숫자로 빼곡한 표보다 한 개의 차트를 더 오래 기억한다.**

회사명	데이터	데이터	데이터	데이터	데이터	데이터
A회사	0.0	0.0	0.0	12.0	0.0	0.0
B회사	0.0	0.0	0.0	11.0	0.0	0.0
C회사	0.0	0.0	0.0	10.0	0.0	0.0
D회사	0.0	0.0	0.0	9.0	0.0	0.0
E회사	0.0	0.0	0.0	8.0	0.0	0.0
F회사	0.0	0.0	0.0	7.0	0.0	0.0
G회사	0.0	0.0	0.0	6.0	0.0	0.0
H회사	0.0	0.0	0.0	5.0	0.0	0.0
I회사	0.0	0.0	0.0	4.0	0.0	0.0
J회사	0.0	0.0	0.0	3.0	0.0	0.0
K회사	0.0	0.0	0.0	2.0	0.0	0.0
L회사	0.0	0.0	0.0	1.0	0.0	0.0

표 안의 차트

표 안에 공간 여유가 있기만 하다면 핵심 메시지에 해당하는 데이터 열을 막대 차트로 표현해주면 좋다.

회사명	데이터	데이터	데이터		데이터
A회사	0.0	0.0		12.0	0.0
B회사	0.0	0.0		11.0	0.0
C회사	0.0	0.0		10.0	0.0
D회사	0.0	0.0		9.0	0.0
E회사	0.0	0.0		8.0	0.0
F회사	0.0	0.0		7.0	0.0
G회사	0.0	0.0		6.0	0.0
H회사	0.0	0.0		5.0	0.0
I회사	0.0	0.0		4.0	0.0
J회사	0.0	0.0		2.0	0.0

숫자 맞춤과 항목 배열

여러 개의 데이터 집합이 들어있는 표에서 비교 대상 데이터를 가로로 배열하지 마라. 독자들은 세로로 배열된 데이터를 분석하는 게 더 편하다.

비교 대상 데이터가 가로로 배열된 경우

	A회사	B회사	C회사
매출	1	2	3
이익/손실	11	12	13
직원 수	210	220	230

비교 대상 데이터가 세로로 배열된 경우

회사명	매출	이익/손실	직원 수
A회사	1	11	210
B회사	2	12	220
C회사	3	13	230

정수는 왼쪽 정렬하지 않는다

회사명	데이터
회사A	1000
회사B	900
회사C	80
회사D	7

소수는 왼쪽이나 오른쪽으로 정렬하지 않는다

회사명	데이터
회사A	10.82
회사B	9.48
회사C	8
회사D	7.4

회사명	데이터
회사A	10.82
회사B	9.48
회사C	8
회사D	7.4

항목들을 임의로 배열하지 않는다

회사명	데이터
회사A	4.1
회사C	5.1
회사D	2.1
회사B	3.1

2장 똑똑하게 차트 그리기

정수는 오른쪽 정렬한다

회사명	데이터
회사A	1000
회사B	900
회사C	80
회사D	7

항상 소수는 소수점을 기준으로 정렬한다

모든 숫자는 반올림하여 소수점 이하 같은 자리로 맞추며, 정수도 소수점으로 표시한다.

예시
소수점 이하 한 자리로 반올림하고 소수점에 맞춰 정렬한다. 정수에는 끝에 '.0'을 붙여 소수점에 맞춰 정렬한다.

회사명	데이터
회사A	10.8
회사B	9.5
회사C	8.0
회사D	7.4

항목들은 논리에 따라 배열한다

알파벳 순서

회사명	데이터
회사A	4.1
회사B	3.1
회사C	5.1
회사D	2.1

데이터 크기 순서

회사명	데이터
회사C	5.1
회사A	4.1
회사B	3.1
회사D	2.1

크기가 작은 숫자는 가운데 정렬도 허용된다.

회사명	데이터
회사A	10
회사B	9
회사C	8
회사D	7

표에서 달러나 백분율 같은 단위는 첫 번째 데이터 항목에서 한 번만 표시한다. 이때 숫자가 제대로 정렬됐는지 확인하라.

회사명	데이터
회사A	$10
회사B	9
회사C	8
회사D	7

회사명	데이터
회사A	10%
회사B	9
회사C	8
회사D	7

픽토그램

아이콘 선택

픽토그램에서 아이콘 일부만 잘라서 사용하는 것은 피하라. 픽토그램의 목적은 데이터의 특징을 포착해서 보여주는 데 있다. 아이콘을 잘라서 보여주면 이해하는 데 혼란만 더한다.

　아이콘이 정사각형일 때만 부분 아이콘을 예외적으로 허용한다. 정사각형이면 작게 잘라낸 조각이라도 사용할 수 있다.

반 토막 난 사람 모양이나 비행기는 알아보기 힘들 뿐만 아니라 불쾌한 기분을 유발한다.

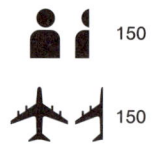

나쁜 아이콘

픽토그램이 막대 차트보다 시각적으로 관심을 끌긴 하지만 대량의 데이터를 비교할 때는 효과가 떨어진다. 픽토그램은 몇 개의 단순한 데이터 집합을 비교할 때만 사용해야 한다.

　픽토그램의 아이콘은 감상하라고 만든 게 아니다. 눈길을 끄는 아이콘이 꼭 픽토그램에 적합한 것은 아니다. **디테일이 지나치게 많은** 아이콘은 기초 데이터를 비교하는 데 방해가 된다. 이런 아이콘을 한꺼번에 여러 개 사용하면, 어수선하고 복잡해진다.

산만한 변화

변화를 나타낸다고 하나의 심볼을 여러 모양으로 바꿔서 사용하지 마라. 이런 변형된 심볼들이 혼재돼 있으면 매우 산만해지며 바탕에 깔린 데이터 비교가 어려워질 수 있다. 그림이 아니라 정보에 초점을 맞춰야 한다.

좋은 아이콘

픽토그램에서 아이콘 또는 심볼은 정량적 정보를 표현하는 데 사용된다. 픽토그램은 신속하게 양과 부피에 대한 감을 전달할 수 있으나 많은 양의 데이터를 차트화하는 방법으로는 적합하지 않다. 여러 개의 복잡한 데이터 집합에서 개별 수량을 비교할 때는 막대 차트가 픽토그램보다 훨씬 효과적이다.

픽토그램에서 사용하는 아이콘은 단순해야 한다. 심볼이 단순하면 한꺼번에 여러 개를 사용하더라도 그림이 깔끔하게 유지되면서, 흥미롭고 효과적으로 데이터를 표현한다.

좋은 아이콘인지 판별하는 방법
- ☑ 단순한가
- ☑ 대칭적인가
- ☑ 아주 작은 사이즈로 줄이더라도 분명하고 또렷한가
- ☑ 대략 정사각형에 들어맞는 모양인가.

하나의 심볼, 다양한 밝기

가변적인 상황을 표현할 때는 동일한 모양의 심볼에 밝기를 달리해서 사용한다. 독자가 제각기 다른 아이콘 모양을 신경 쓰지 않고 데이터를 비교 대조하는 데만 집중할 수 있다.

픽토그램

수량 비교

데이터 포인트 값들이 비슷비슷하면 픽토그램으로 표현하지 마라. 많은 그림이 혼재된 상태에서 미묘한 차이를 포착하고 구별해내기란 어렵다.

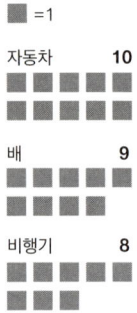

집이나 사람 크기를 줄이지 마라

아이콘의 면적이나 높이를 기준으로 수량 정보를 차트화하지 마라. 사람 눈은 고르지 않은 모양들 속에서 유의미한 차이를 뽑아내지 못한다. 어떤 방향으로든 아이콘을 강제로 늘려서 값을 표현하려다보면 아마추어가 그린 차트처럼 보일 뿐이다.

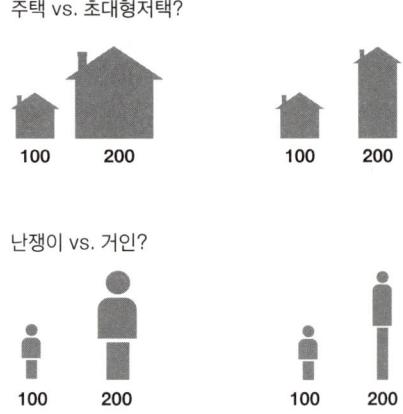

조각낸 아이콘과 생경한 단위는 피하라

조각낸 아이콘 사용은 피한다. 대부분의 데이터 포인트를 조각낸 아이콘으로 나타내야 한다면 막대 차트를 쓰는 게 더 효과적이다.

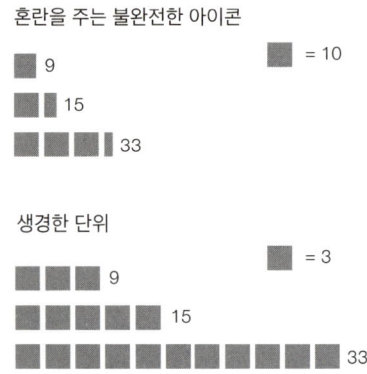

2장 똑똑하게 차트 그리기

여러 구성 단위 비교

픽토그램은 막대 차트의 형식을 취하여, 아이콘이나 심볼로 데이터를 시각화 한 것이다. 한 심볼을 여러 개 사용하여 개별 수량을 나타낸다.

잘 만든 픽토그램은 시선을 끌면서도, 신속하게 값을 비교할 수 있도록 해준다.

픽토그램의 데이터 값은 항상 표시해준다. 독자가 일일이 수를 세게 하지 마라.

아이콘은 5개 또는 10개 단위로 묶어 한눈에 쉽게 셀 수 있어야 한다.

부자연스러운 구성

효과적인 구성

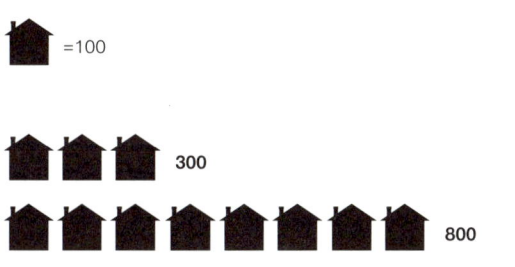

자주 사용하는 단위

잘 만든 픽토그램에서 대부분의 데이터 포인트는 아이콘 한 개가 나타내는 수의 배수여야 한다. 각 아이콘은 1, 2, 5, 10, 100 같이 수를 계산할 때 흔히 쓰는 증가 단위를 나타내야 한다.

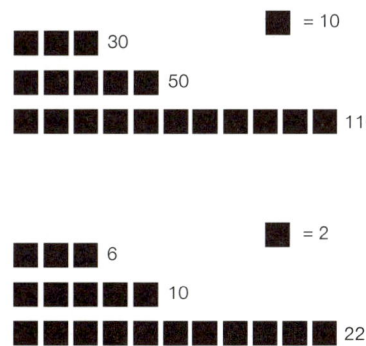

지도

지도 그리기와 음영

특정 영역을 강조하기 위해 패턴이나 빗금을 그려 넣지 마라. 단순한 검정이나 다른 색을 넣어라.

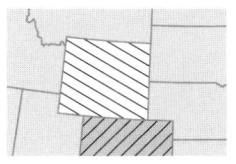

지리와 관련이 있을 때만 지도로 표현한다

지리가 핵심 메시지와 관련이 있는 게 아니라면, 수량 또는 부피를 비교하기 위해 지도를 사용하지 마라.

뉴저지에서의 매출액이 텍사스보다 3배 크다고 가정하자. 뉴저지를 검정색으로 표시하고 텍사스를 밝은 회색으로 표시한다고 해도, 그림을 봤을 때 매출 규모의 차이가 드러나지 않고 전혀 다른 인상을 준다. 막대 차트로 매출액을 보여주는 게 더 효과적이다.

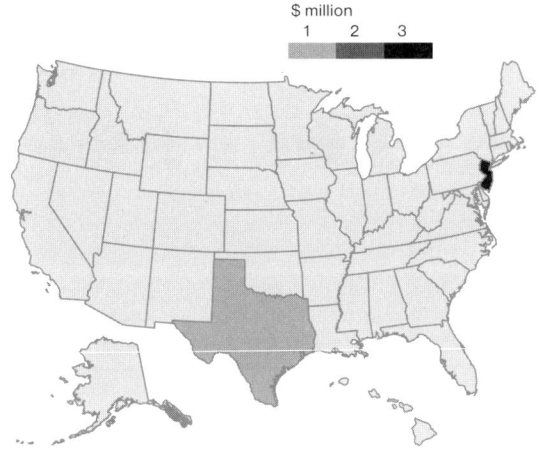

변화를 나타내는 지도

대부분의 비즈니스 애플리케이션에서 일련의 음영이 들어간 지도는 서로 다른 상태를 비교하거나, 시간 흐름에 따른 변화를 보여줄 때 아주 효과적일 수 있다.

예시
두 개의 지도는 아시아산 식료품의 시장 진입 상황이다. 아시아계 소비자가 많이 거주하는 곳일수록 아시아산 식료품의 유통량도 증가한다.

데이터 맵은 대도시 통계지구 수준의 방대한 인구통계 정보를 분석하는 데 강력한 도구가 될 수 있다. 이러한 데이터 맵을 만들려면 고도로 정교한 소프트웨어와 데이터베이스 전문가가 필요하다.

지도의 윤곽은 지도가 특정 자치구나 주가 됐든 국가가 됐든 간결해야 한다. 데이터 맵에서 윤곽은 선 차트 또는 막대 차트의 그리드 선에 해당한다. 이들은 정보의 틀이지 메시지가 아니다.

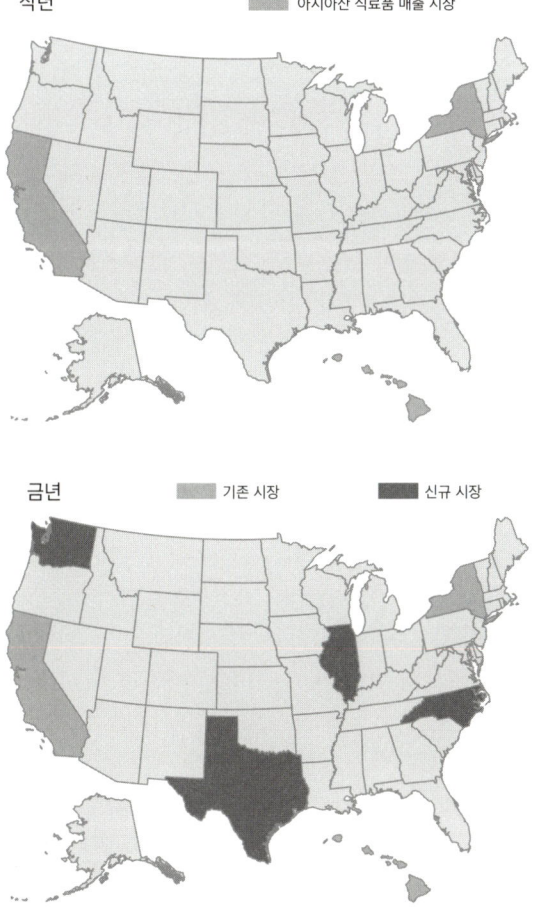

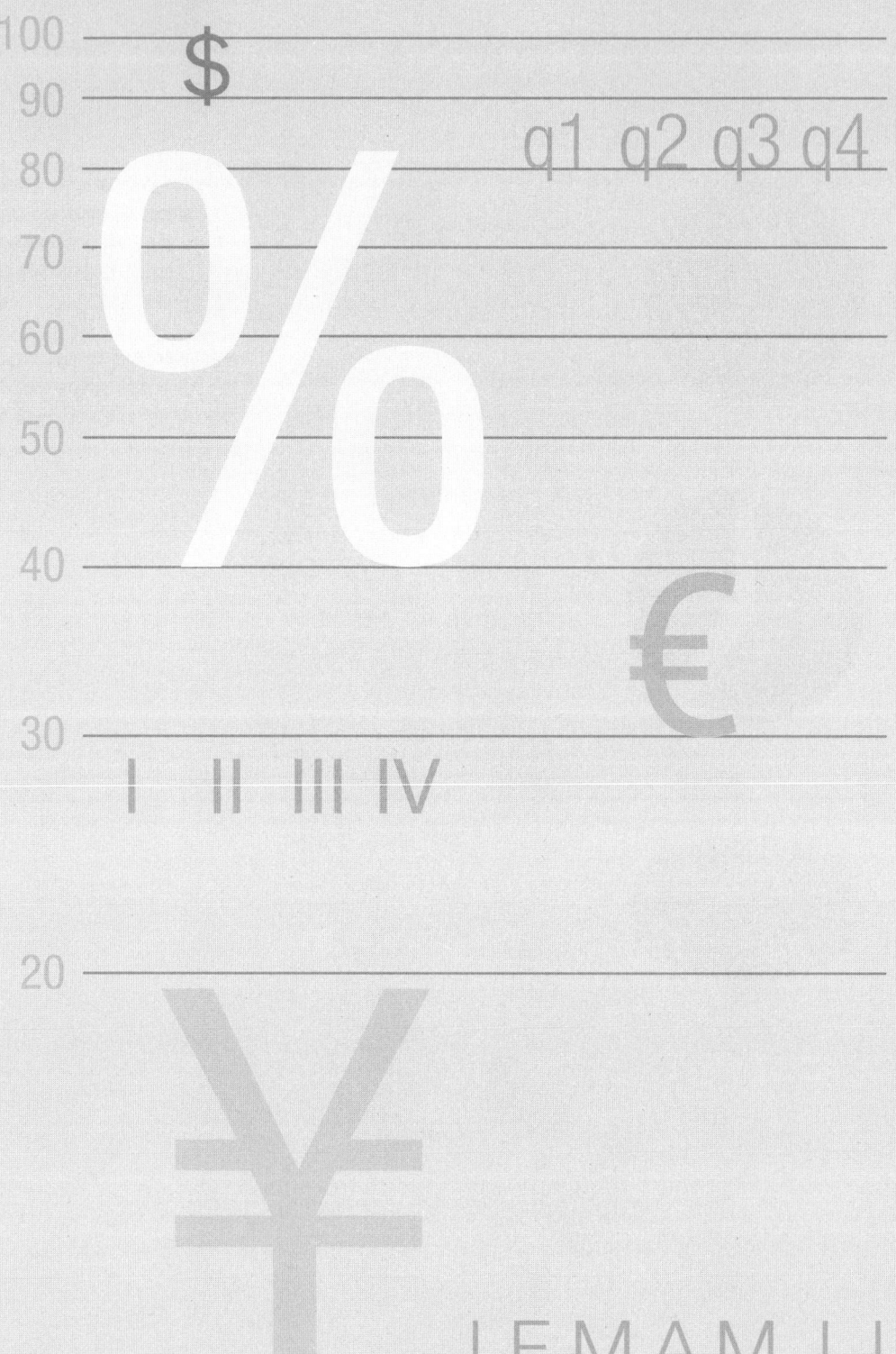

3장 차트 편람

차트에서 사용하는 대부분의 수학은 기초 대수학과 통계다. 그러나 우리 대부분은 단순한 실수를 자주 저지른다. 정말 두 개의 백분율 평균을 구해야 할까? 증감률을 구할 때 우리는 어떻게 계산하고 있을까? 최근 값에서 이전 값을 뺀 다음 최근 값으로 나눠야 할까? 아니면 이전 값으로 나눠야 할까? 로그 스케일은 뭘까?

기초 수학 실력뿐만 아니라, 시장 지식도 알아야 한다. 시장에 대한 지식은 많이 알면 알수록 좋다. 주요 주가 지수에는 어떤 게 있는가? 글로벌 사업에 영향을 주는 환율 변동 차트는 어떻게 그려야 할까?

이 모든 공식과 지식을 알아두면, 빠듯한 마감 시한을 앞두고도 양질의 결과물을 내놓아야 할 때 시간을 절약할 수 있다. 3장에서는 즉시 활용할 수 있는 방법과 팁을 소개한다.

계산하기

평균값, 중앙값, 최빈값

어떤 것을 사용해야 할까?

평균값(산술평균)이 가장 유용하게 쓰이는 경우는 하나의 온전한 데이터 집합의 총체적 영향력을 측정할 때로, 데이터 집합에 속한 값들이 계산에 포함되기 때문이다. 데이터 집합에 관련성이 떨어지는 특이값들이 있으면 계산한 평균값이 평균으로서의 대표성을 상실할 수 있다.

중앙값은 값의 순서를 매기는 데 유용하다. 또, 데이터 집합 내의 특이값들의 영향을 받지 않는다. 일례로 중앙값은 주택 가격이나 소득 수준을 잘 나타낸다.

최빈값은 가장 자주 보이는 값이 무엇인지 아는데 도움이 된다. 최빈값은 사람들이 가장 많이 보게 되는 값을 말한다.

평균값은 단순한 평균을 의미한다. 모든 데이터 값을 더한 후 데이터 포인트의 개수로 나눠서 구한다.

중앙값은 데이터를 순서대로 나열했을 때 한가운데에 위치한 값이다. 샘플 데이터의 절반이 중앙값 이하의 수들이며, 또 다른 절반이 중앙값보다 큰 수들이다. 중앙값을 찾으려면 모든 데이터를 크기 순서대로 나열해야 한다. 만일 늘어놓은 데이터 포인트의 개수가 짝수여서 중앙값이 딱 떨어지지 않으면 가운데 지점에서 만난 두 수의 평균값이 중앙값이다.

최빈값은 가장 자주 나오는 값이다.

예시
9개의 부서별 일일 자동차 판매 대수를 나타내는 데이터 집합

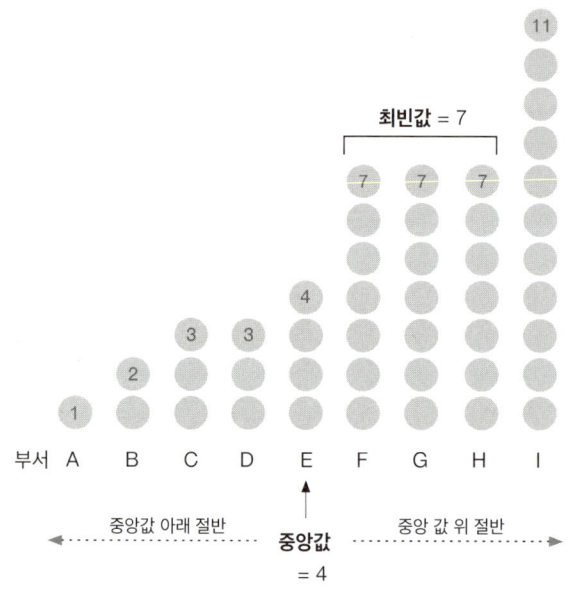

$$\text{평균값} = \frac{1+2+3+3+4+7+7+7+11}{9} = 5$$

표준편차

표준편차는 평균값 주위로 데이터가 얼마나 촘촘하게 분포되어 있는지 보여준다. 변동성이 높은 주식은 표준편차가 크다.

금융시장 분석가들에게:
변동성은 보통 연율로 계산한다.

연율 변동성 계산 시:

일일 표준편차 × $\sqrt{\text{연간 거래일수}}$

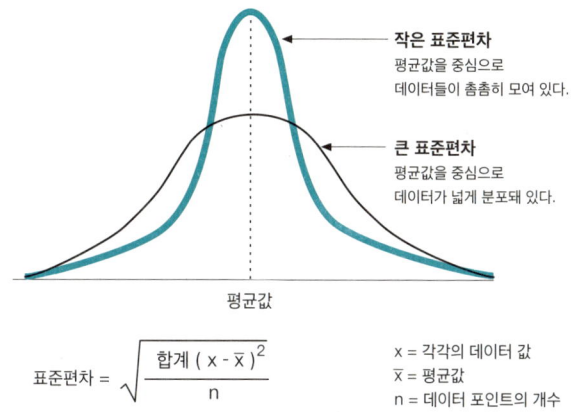

작은 표준편차
평균값을 중심으로 데이터들이 촘촘히 모여 있다.

큰 표준편차
평균값을 중심으로 데이터가 넓게 분포돼 있다.

평균값

$$\text{표준편차} = \sqrt{\frac{\text{합계}(x - \bar{x})^2}{n}}$$

x = 각각의 데이터 값
$\bar{x}$ = 평균값
n = 데이터 포인트의 개수

예시

기업에서는 흔히 표준편차를 응용해서 주식의 변동성을 구한다. 이때 변동성은 주가의 증감률을 기반으로 산출한다.

주가의 증감률	$x - \bar{x}$	$(x - \bar{x})^2$
3%	-5	25
1	-7	49
9	1	1
19	11	121
평균값 8		합계 196

$$\text{표준편차} = \sqrt{\frac{196}{4}} = 7\%$$

변동성 7%.

계산하기

확률

확률은 특정 사건이 발생할 수 있는 상대적인 빈도라고 해석할 수 있다. 한 번 시도한 거로는 누구도 확실하게 결과를 예측할 수 없지만, 아주 여러 번 시도에서 나온 공통의 결과를 가지고 어떤 반복되는 패턴을 찾을 수 있다.

확률이론은 사망위험률 같은 보험 통계부터 신약 임상실험에 이르기까지 폭넓은 분야에서 이용된다.

대칭적인 확률분포

대칭적인 확률분포는 다양한 경우에 나타난다. 예를 들어 시험 성적은 종모양의 곡선을 따라 분포한다.

예시
2개의 주사위를 던진 결과값을 가지고 그래프를 그려보라. 주사위를 충분히 많이 던지면, 종 모양의 곡선이 그려질 것이다.

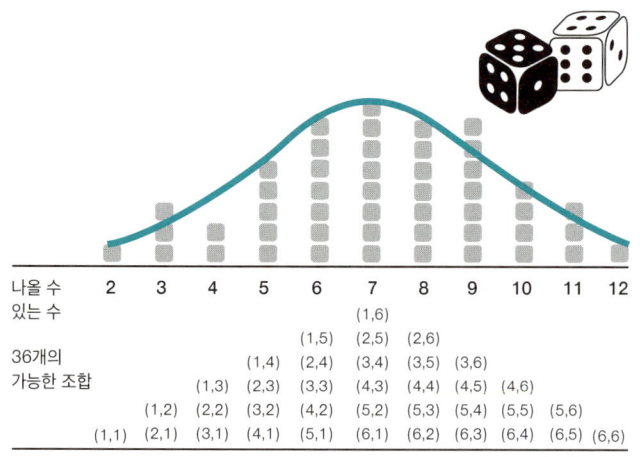

첨도 fat-tails, kurtosis는 정규분포도를 통해 예측할 수 있는 것보다 극단적인 이익이나 손실이 더 자주 발생한다는 사실을 알려준다. 정규분포는 자주 이용되지만, 극단적인 사건이 발생할 위험을 축소하곤 한다. 그 한 예가 1987년 주식시장 폭락이다.

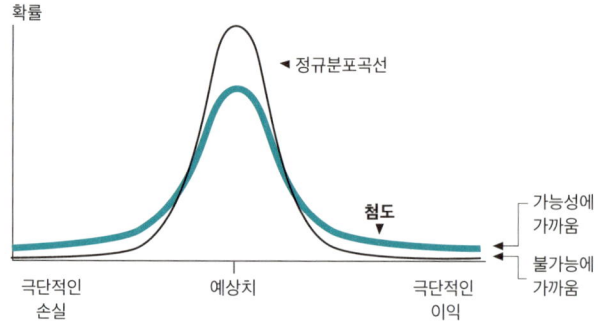

비대칭 확률분포

비대칭 분포는 소득 분배와 신용부도 손실 같은 곳에 실제로 많이 적용되고 있다.

고르지 않은 소득 분배

개인 소득 차트는 가장 많이 연구되고 논의되는 비대칭 분포 차트 가운데 하나다. 불평등, 빈곤 수준, 경제 성장과 관련한 사회경제학 연구에 많이 사용된다.

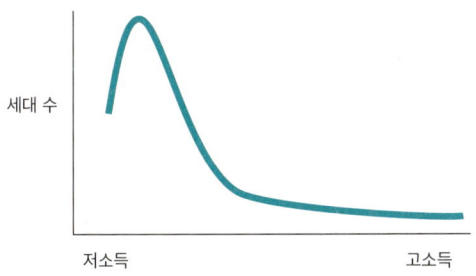

큰 손실을 입을 낮은 가능성

채권은 부도날 가능성은 낮지만 보유 기간 중 원금 손실을 볼 가능성이 어느 정도 있다.

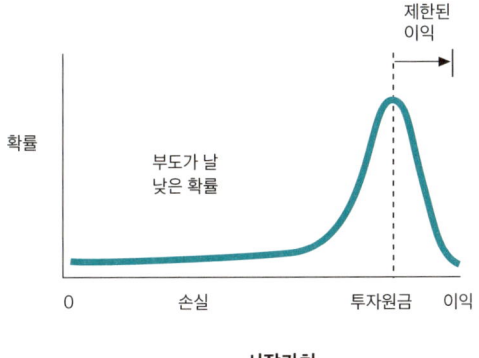

위험 심리

위험감수형인 사람은 복권이 당첨될 백만분의 일의 확률을 믿는다. 위험회피형인 사람은 아주 낮은 확률인 벼락 맞을 가능성도 염려한다.

이들 두 유형의 사람들은 모두 특이값이 나올 확률에 따라 행동한다. 이들은 분포도의 꼬리에 '살고 있는' 사람들이다.

계산하기

평균 vs. 가중평균

다우존스 공업평균지수는 가격가중지수다. 따라서 다우존스지수는 다우존스 주식 종목의 주가 변동에 영향을 받는다.

가중평균은 중요한 데이터 포인트에 대해서는 가중치를 주어 산술평균의 단순한 한계를 극복할 수 있다. 가중치를 부여할 때는 신중해야 한다. 일례로 가중치는 기간, 거래량 또는 금전적 가치를 기준으로 산정할 수 있다. 가중치는 반드시 선형적 linear 으로 부여하지 않아도 된다.

예시
주가의 단순한 평균값은 거래 기간 중 거래 빈도가 낮아 데이터 전체를 대표하기에 부족한 데이터까지도 포함할 수 있다. 거래량을 바탕으로 계산한 가중평균은 이런 편향성을 바로잡는다.

주가	거래량	주가 x 거래량
$22	700 주	15,400
19	1,000	19,000
15	200	3,000
18	400	7,200
16	300	4,800
합계 90	2,600	49,400

평균값

$$= \frac{합계(주가)}{5}$$

$$= \frac{90}{5}$$

$$= \$18$$

거래량 가중평균

$$= \frac{합계(주가 \times 거래량)}{총 거래량}$$

$$= \frac{49,400}{2,600}$$

$$= \$19$$

거래량 가중평균 가격 VWAP
간혹 매수자와 매도자 간에 거래량 가중평균 가격을 기준으로 매매를 체결하기로 합의하기도 한다. 이것을 VWAP 거래라고 한다.

이동평균

데이터 변동성이 큰 경우 이동평균은 실제 추세를 파악하는데 도움이 될 수 있다.

이동평균선은 평균을 산출할 때의 데이터의 가운데 지점이나 끝 지점을 따라 그릴 수 있다.

예시
변동성이 큰 데이터 집합의 4일 이동평균

데이터 값	계산식	이동평균
1		
4		
2		
8	(1+4+2+8)/4	3.75
3	(4+2+8+3)/4	4.25
12	(2+8+3+12)/4	6.25
4	(8+3+12+4)/4	6.75
16	(3+12+4+16)/4	8.75
5	(12+4+16+5)/4	9.25
16	(4+16+5+16)/4	10.25
9	(16+5+16+9)/4	11.50

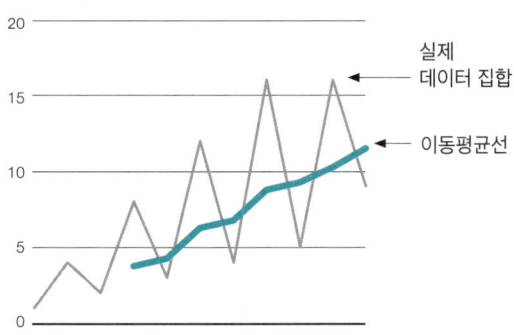

계산하기

로그 스케일

사람들은 시간을 선형적으로 인식하지 않는다. 머릿속에서 시간은 미래로 더 나아갈수록 속도가 빨라진다. 오늘부터 1년 후가 2년 후보다 더 가깝게 느껴진다. 반면에 오늘로부터 10년 후는 11년 후나 똑같다고 느낀다. 1년과 2년, 10년과 11년, 모두 1년 차이지만 우리는 다르게 인식한다. 로그 스케일을 사용하여 X축에 시간을 나타내보면, 지속되는 시간에 대한 인간의 인식 작용을 보여준다.

X축 로그 스케일

로그 스케일은 자릿수가 아주 긴 값들까지도 포함할 수 있다.

우리는 자연스럽게 현재 시점으로부터 가까운 사건에 더 관심을 갖는다. X축상의 시간흐름에 따른 로그 스케일을 사용하면 차트의 짧은 기간 안에 더 상세한 변화를 담을 수 있다.

예시

미국의 중장기(1년 이상 10년 이하) 및 단기(1년 이하) 국채 수익률 곡선

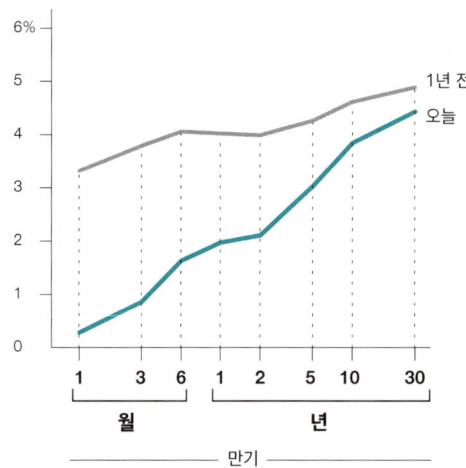

Y축 로그 스케일

Y축을 로그 스케일로 설정하면, Y축 상의 그리드 선도 같이 조정되어 Y축 상의 값의 크기에 따른 차이가 그리드 선에 반영된다. 이로써 변화폭의 상대적 중요도를 보여준다.

예시

Y축 로그 스케일을 쓰면 똑같이 10포인트 증가하더라도 10에서 10포인트 증가하는 것이 100에서 10포인트 증가하는 것보다 영향력이 더 크다는 것을 나타낼 수 있다. 같은 10포인트라도 1000에서의 증가는 무시해도 될 정도다.

Y축 로그 스케일은 장기간에 걸친 주가나 주가지수 변화를 나타낼 때 가장 유용하다.

로그 스케일에서 밑수는 아무거나 사용할 수 있다. 대부분 도표에서는 밑이 10인 로그를 사용하는 게 가장 실용적이고 직관적이다.

$\log_{10}10 = 1$
$\log_{10}50 = 1.7$
$\log_{10}100 = 2$
$\log_{10}500 = 2.7$
$\log_{10}1000 = 3$
$\log_{10}5000 = 3.7$
$\log_{10}10000 = 4$

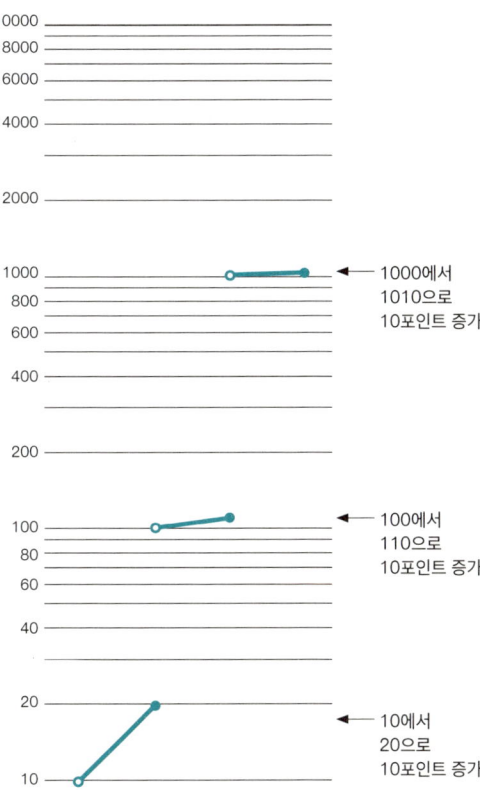

계산하기

비교 가능한 척도

두 개 이상의 데이터 집합을 비교 대조할 때는 비교 가능한 척도로 차트를 그리는 것이 중요하다. 사람들은 **완만한 경사는 소폭 상승, 가파른 경사는 대폭 상승**을 의미할 거라고 예상한다. 아래 예시는 비교 가능한 Y축 척도가 어떻게 두 주식의 상대적 성과를 정확하게 나타낼 수 있는지 보여준다.

예시

A주식은 20달러에서 25달러로 올랐다. 25퍼센트 상승이다.

B주식은 100달러에서 105달러로 올랐다. 5퍼센트 상승이다.

비교 불가능한 척도

두 주식 모두 5달러씩 상승했지만, 시각적으로 25퍼센트 상승한 주식이 5퍼센트 상승한 주식과 똑같이 오른 것처럼 착각할 수 있다.

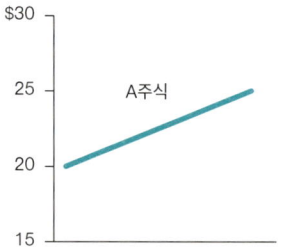

증감률

25퍼센트 상승한 A주식의 기울기가 가파르다. 5퍼센트 상승한 B주식의 선은 기울기가 훨씬 완만하다.

	A주식	B주식
0년	$20	$100
1년	$25	$105
증감률	+25%	+5%

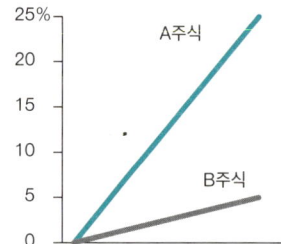

비교 가능한 척도

Y축 척도를 조정하여 두 선의 기울기를 상대적으로 드러내라. 그림을 보는 즉시, A주식이 B주식보다 훨씬 수익률이 좋다는 것을 알 수 있다.

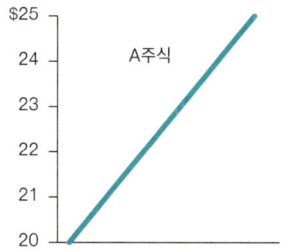
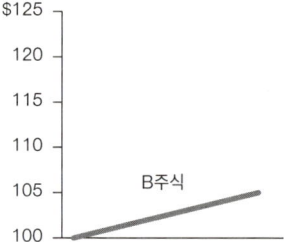

비교 가능한 척도를 단계적으로 도출하기

P주식은 21달러에서 24달러에서 거래 가격이 형성돼 있으며, Q주식은 105달러에서 110달러에 거래된다.

1. 백분율로 환산했을 때 어떤 주식의 거래 가격대 범위가 더 큰지 계산한 후 해당 주식 차트의 척도를 먼저 결정한다. P주식의 거래 가격대 증감률은 약 14퍼센트인 반면 Q주식은 5퍼센트 미만이다.

2. 또 다른 차트의 척도에서 최저값을 정한다. 이때 척도의 증가분은 1, 2, 5, 10, 50, 100처럼 자연스러운 증가분을 쓴다.

   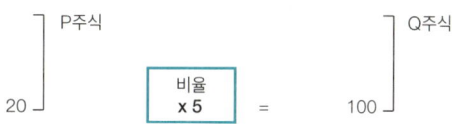

3. 두 척도의 최저값들 사이의 비율을 계산한다.

   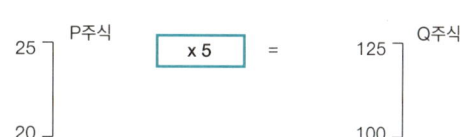

4. P주식 척도상의 최고값에 위 3번에서 구한 비율을 곱해 Q주식 척도상의 최고값을 구한다.

5. 각 차트에 있는 가격 척도에서 최고값과 최저값 사이의 증감률이 같은지 한 번 더 확인한다.

   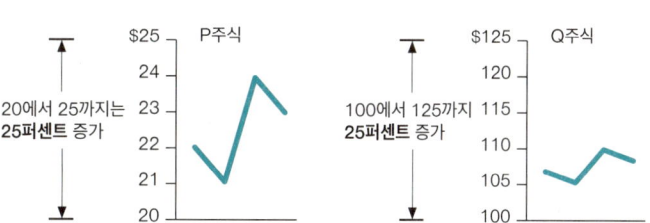

두 그래프는 이제 비교 가능한 척도로 작성되었고, 이에 따라 두 주식의 상대적 성과를 분명하게 보여준다.

계산하기

증감률

예시
값이 100에서 90으로 변했을 때 10퍼센트 감소했다고 한다.

증감률 = $\frac{90 - 100}{100} \times 100\%$

= -10%

값의 변화는 원래 값에서 몇 퍼센트 변화했다는 식으로 표현할 수 있다.

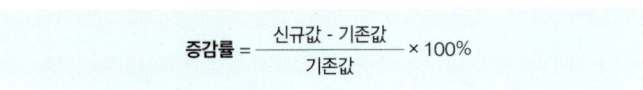

증감률 = $\frac{\text{신규값} - \text{기존값}}{\text{기존값}} \times 100\%$

예시

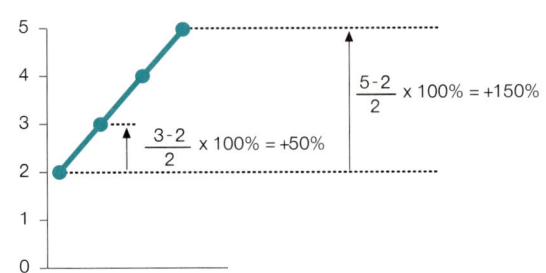

데이터 집합에서 증감률을 계산할 때 시작점이 다르면 증감률도 달라진다.

예시

	데이터	1월 이후 증감률	2월 이후 증감률
1월	10	0%	
2월	15	+50	0%
3월	12	+20	-20
4월	6	-40	-60
5월	9	-10	-40

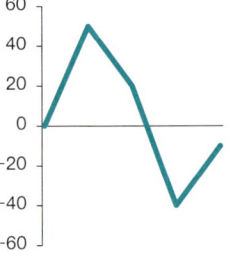 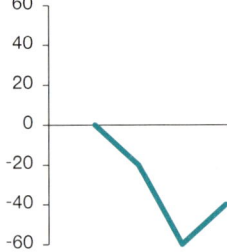

기준선을 100 또는 0으로 재설정하기

증감률을 직관적으로 파악하려면 기준선이 0 또는 100인 것이 좋다. 예를 들어 100에서 113으로 값이 바뀌면 13퍼센트 증가했다는 것을 확실히 알 수 있다. 그러나 123에서 139로 13퍼센트 증가했다는 사실은 즉각 알아채기 어렵다.

숫자를 10의 배수로 계산하는 게 익숙하므로 대상에 따라 1,000 또는 10,000으로 데이터를 재설정하는 것이 적절할 때도 있다. 예를 들어, 특정 주식의 성과는 초기 투자금액을 1만 달러 단위로 환산해 차트로 나타낼 수 있다.

예시

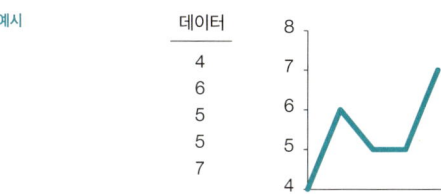

기준선을 100으로 재설정한다는 것은 100에서 데이터가 시작하도록 척도를 조정하는 것이다.

(현재 값 / 초기 값) × 100

데이터	계산식	기준선을 100으로 재설정 시
4	(4/4) × 100	100
6	(6/4) × 100	150
5	(5/4) × 100	125
5	(5/4) × 100	125
7	(7/4) × 100	175

기준선을 0으로 재설정한다는 것은 최초의 데이터 포인트로부터의 증감률을 나타내겠다는 뜻이다. 다음은 계산방법이다.

[(현재 값 / 초기 값) × 100] - 100

데이터	계산식	기준선을 0으로 재설정 시
4	[(4/4) × 100] - 100	0
6	[(6/4) × 100] - 100	50
5	[(5/4) × 100] - 100	25
5	[(5/4) × 100] - 100	25
7	[(7/4) × 100] - 100	75

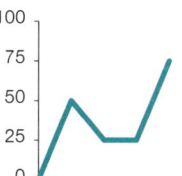

백분율

백분율 표현하기

값의 변화를 표현하는 방법에는 여러 가지가 있다. 예를 들어, 2에서 6까지의 증가를 다음과 같이 기술할 수 있다.

2에서 6까지 3배 증가했다.
값이 200% 증가했다.

백분율 vs. 퍼센트 포인트 vs. 베이시스 포인트

두 개의 백분율 값의 차이는 퍼센트 포인트 또는 베이시스 포인트로 나타낸다.

1퍼센트 포인트 = 100베이시스 포인트

예시
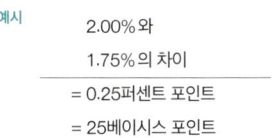

기준값

증감률을 말할 때는 기준값을 알려주는 게 정말 중요하다. 예를 들어 20퍼센트 달라졌다고 할 때는 **10달러에서** 20퍼센트 증가 또는 20퍼센트 **증가하여 12달러가 됐다**고 해야 한다. 기준값을 언급하지 않고 백분율 값을 쓰면 의미가 모호해진다. 우리가 방향을 지시할 때 북쪽인지 남쪽인지 말하지 않고 그냥 "20마일 가주세요"라고 하지 않는 것과 같은 이치다.

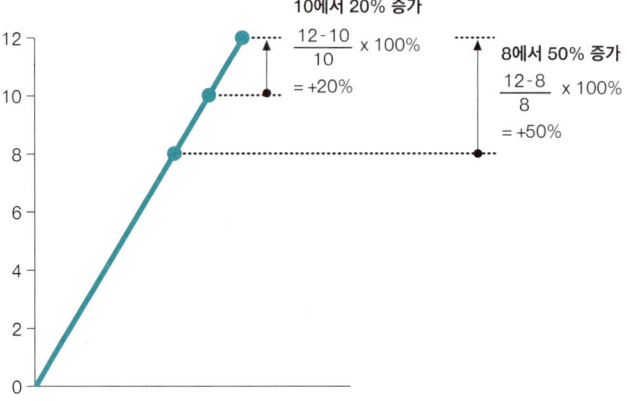

절대값 vs. 증감률

동일한 곡선, 다른 의미
절대값의 변화에 따라 그리든, 최초의 데이터 포인트로부터의 증감률에 따라 그리든 그래프의 모양은 같다. 증감률로 작성한 차트는 기준값으로부터 어떤 변화가 있었는지를 강조한다.

규모 면에서 비교가 불가능한 두 개체의 증감률은 비교하지 마라. 예를 들어, 증감률을 비교할 때, 1억 달러의 매출을 거둔 대기업과 1만 달러의 매출을 거둔 소기업을 비교하는 것은 옳지 않다. 해당 소기업 매출이 100퍼센트 신장했다고 해도 전체 시장 규모를 놓고 봤을 때는 극히 일부일 수 있기 때문이다.

예시
증감률에 따라 차트를 그리면 차트의 선이 마이너스 영역에까지 닿게 되고, 이는 가격 하락 측면을 강조한다.

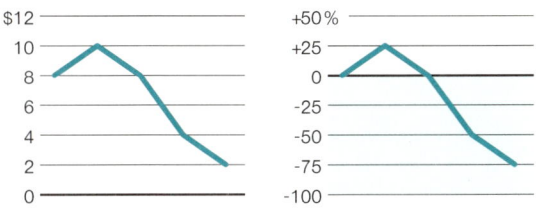

두 개 이상의 데이터 집합 비교하기
서로 다른 데이터 집합을 비교할 때 최초의 데이터 포인트를 기준으로 구한 증감률에 따라 차트를 그리면 절대값을 가지고 차트를 그린 것보다 설득력이 클 수 있다.

예시
A주식과 B주식이 모두 같은 기간에 10달러씩 상승했다. 같은 날을 시작점으로 증감률 차트를 그리면, A주식이 B주식보다 좋은 성과를 냈다는 사실을 바로 알 수 있다.

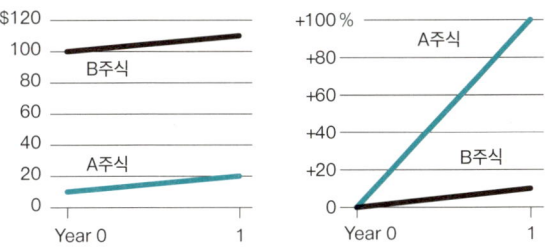

백분율

백분율의 백분율 계산

독자를 골치 아프게 하지 마라. 계산된 결과를 바로 보여줘라.

$$A\% 의\ B\% = \frac{A}{100} \times B\%$$

예시1

50%의 8% = 50 / 100 × 8% = 4%

예시 2

총 개수 = 100

A는 70% 소유 = 70개

B는 30% 소유 = 30개

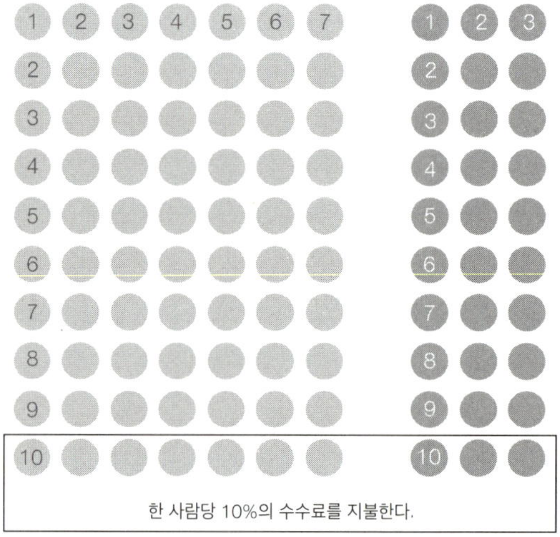

한 사람당 10%의 수수료를 지불한다.

70%에 대한 10% 수수료
= 10/100 x 70%
= 7%

30%에 대한 10% 수수료
= 10/100 x 30%
= 3%

A는 7개 또는
100개 중 7%에 대한 수수료 지불

B는 3개 또는
100개 중 3%에 대한 수수료 지불

백분율의 평균을 구하지 마라

평균을 구할 때만큼은 백분율을 일반 숫자처럼 취급해서는 안 된다. 항상 **원래 데이터로 돌아가 백분율을 새롭게 계산하라.**

오해 A%와 B%의 평균 = $\dfrac{A+B}{2}$ %

$$A\% = \dfrac{c}{e} \qquad B\% = \dfrac{d}{f}$$

$$\text{새로 산출한 백분율} = \dfrac{c+d}{e+f} \times 100\%$$

예외: 동일한 기준에서 산출한 백분율인 경우에는 백분율의 평균을 구해도 된다. 예를 들어, 한 학급의 평균 성적은 학급 전체 학생 성적의 평균 성적과 같다. 모든 학생 성적을 포함한 100%를 기준으로 하기 때문이다.

예시 1

10%와 14%의 평균은 12%가 아니다.

원래 데이터로 돌아간다:

10% = 30/300

14% = 28/200

$$\text{새로 산출한 백분율} = \dfrac{30 + 28}{300 + 200} \times 100\% = 11.6\%$$

예시 2

각 주에서 Z은행 신용카드를 가지고 있는 인구 비율:

알라바마 12.3%
알라스카   3.3%
⋮
와이오밍   4.1%

$$\text{전국 평균} \neq \dfrac{(12.3 + 3.3 + \cdots + 4.1)}{50}$$

$$\text{전국 시장} = \dfrac{\text{50개 주에서 Z은행 신용카드 소유자 총계}}{\text{총 인구수}} \times 100\%$$

차트 스타일링

단어

표를 작성할 때 회사 명이나 기관 명칭은 축약하지 않고 모두 써라. 모든 사람이 약자를 알 거라고 지레짐작하지 마라. "The Bureau of Labor Statistics"라고 표기하는 것이 단순히 "BLS"라고 하는 것보다 명확하다. 약자를 써도 되는 경우는 완전한 명칭보다 약자가 사람들에게 더 널리 알려진 경우로 International Business Machines을 IBM으로 표기하는 경우가 대표적인 예다.

월

X축상에서는 월 이름을 첫 알파벳 세 개로 축약해도 되고, 다음과 같이 표시해도 무방하다.

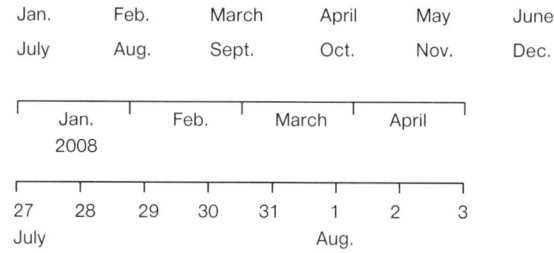

차트에 나타내려는 기간이 6개월 이상이면 첫 글자만 써서 표기하라.

표에서 월을 표기할 때는 단독으로 월만 표기하든 연도도 같이 표기하든 축약하지 말고 "January 2009"처럼 전체를 다 표기한다. 월과 연도 사이에 쉼표를 넣어 구분하지 마라. 날짜를 구체적으로 표기할 때는 "Jan. 1, 2009"처럼 위에서 언급한 대로 축약하거나 전체를 다 써준 다음 연도 앞에 쉼표를 찍어 구분한다.

주와 도시 이름

표에서 도시 이름 없이 미국의 50개 주 이름만 단독으로 표기하는 경우, 주 이름을 축약하지 말고 전부 써라.

미국의 도시 이름은 주 이름과 병기해야 한다. "Louisville, Ky."처럼 도시 이름 다음에는 쉼표를 붙인다. 알래스카 Alaska, 하와이 Hawaii, 아이다호 Idaho, 아이오와 Iowa, 메인 Maine, 오하이오 Ohio, 텍사스 Texas, 유타 Utah는 축약 없이 전체 주 이름을 다 표기하며, 나머지 주는 아래와 같이 축약한다.

Ala.	Ariz.	Ark.	Calif.	Colo.	Conn.	Del.	Fla.
Ga.	Ill.	Ind.	Kan.	Ky.	La.	Mass.	Md.
Mich.	Minn.	Miss.	Mo.	Mont.	N.C.	N.D.	N.H.
N.J.	N.M.	N.Y.	Neb.	Nev.	Okla.	Ore.	Pa.
R.I.	S.C.	S.D.	Tenn.	Va.	Vt.	W.Va.	Wash.
Wis.	Wyo						

숫자

연도
여유 공간이 있으면 연도 전체를 다 표기한다. 여유가 없으면 처음 나오는 연도만 다 써주고, 나머지는 끝의 두 자리 연도만 표기한다.

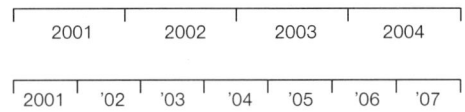

차트에 들어가는 설명에서 1에서 12까지는 모두 영어로 풀어 써라.* 13보다 큰 숫자는 모두 아라비아 숫자로 표기하라. 모든 백분율을 나타내는 숫자들은 영어로 된 단어보다는 1%, 12% 같이 아라비아 숫자로 표기한다.

분기
분기를 표시할 때는 항상 연도를 같이 표기한다.

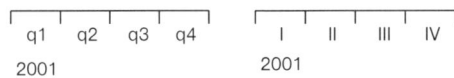

정수와 소수
절대로 가운데 줄 맞춤을 하거나 왼쪽으로 정렬하지 않는다.

단위
수의 단위를 쓸 때는 해당 수에 적합한 가장 높은 단위를 사용하도록 하라. 독자가 여러 번 계산하게 하지 마라.

정확한 표현	부정확한 표현
$3 billion	$3,000 million
2	2,000
1	1,000
0	0

* (옮긴이) 영미 포함 라틴어 문화권의 표기이기에 우리말에선 굳이 따를 필요가 없다.

돈

주요 주가 지수

주식시장 상황은 매일 시장 지수로 공표된다. 이러한 지수들은 투자자의 심리를 반영한다. 단 하나의 지수만 가지고 경제 상황을 온전하게 보여줄 수 없기 때문에, 일부 국가들은 여러 종류의 지수를 가지고 부문별 시황을 추적한다.

북아메리카

국가	주요 주가 지수
미국	Dow Jones Industrial Average
	Nasdaq Composite
	Standard & Poor's 500
	Russell 2000
	Dow Jones Wilshire 5000
캐나다	S&P/TSX Composite

라틴 아메리카

국가	주요 주가 지수
멕시코	IPC All Share
브라질	Bovespa
칠레	IPSA
콜롬비아	IGBC General

아시아

국가	주요 주가 지수
대만	Weighted
말레이시아	Kuala Lumpur Composite
싱가폴	Straits Times
인도	Bombay Sensex
인도네시아	Jakarta Composite
일본	Nikkei Stock Average
중국	Shanghai Composite
태국	SET
한국*	KOSPI
호주	S&P/ASX 200
홍콩	Hang Seng

유럽

국가	주요 주가 지수
유럽 전체	Dow Jones Euro Stoxx 50
그리스	Athens General
네덜란드	AEX
노르웨이	OSE All Share
덴마크	OMX Copenhagen 20
독일	Xetra DAX
러시아	RTS
룩셈부르크	LuxX
벨기에	Bel 20
스위스	Swiss Market
스웨덴	OMX Stockholm 30
스페인	IBEX 35
영국	FTSE 100
이태리	S&P/MIB
터키	ISE National 100
포르투갈	PSI 20
폴란드	WIG
프랑스	CAC 40
핀란드	OMX Helsinki 25

아프리카/중동

국가	주요 주가 지수
남아프리카공화국	FTSE/JSE All Share
이스라엘	Tel Aviv 25
이집트	CASE 30

출처: WSJ Market Data Group

* (옮긴이) 우리나라는 위 코스피(KOSPI) 지수 외에 코스닥(KOSDAQ) 지수, KRX100(Korea exchange 100) 지수 등이 대표적 지수로 사용된다.

다우존스 산업 평균

다음은 1999년 3월 29일 다우지수의 일일 종가를 52주간 기록한 차트다.

> 다우지수는 세계에서 가장 자주 인용되며 동종 시장 지표 가운데 가장 오랜 역사를 가지고 있다. 찰스 다우(Charles Dow)가 1896년 처음으로 고안한 이래 미국 주식시장 상황을 측정하는 지표로 쓰인다. 다우지수는 1999년 3월 29일 처음으로 1만 포인트를 돌파했다.

1분 단위의 다우지수

다우 존스의 분 단위 차트는 하루 거래일 동안 주식 시장 흐름을 보여준다.

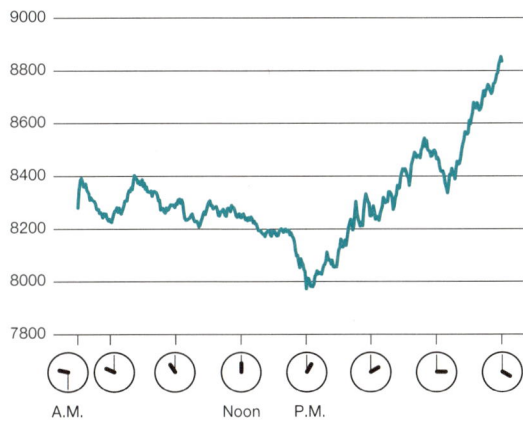

출처: WSJ Market Data Group

성과 측정하기

수익률은 어떤 주식의 가치나 지수가 배당금을 제하고도 얼마나 성장했는지 보여준다. 투자자가 특정 지수의 실제 투자수익률을 좀 더 정확하게 보고자 할 때 사용하는 것이 총수익 지수(total return index)다.

수익률 vs. 투자 총 수익률

지수에서 투자 총 수익률을 분명히 나타내려면, 지수에 편입된 주식의 배당금도 포함시켜야 한다. 보통 배당금은 동일한 지수에 재투자되거나 현금으로 보유하게 된다.

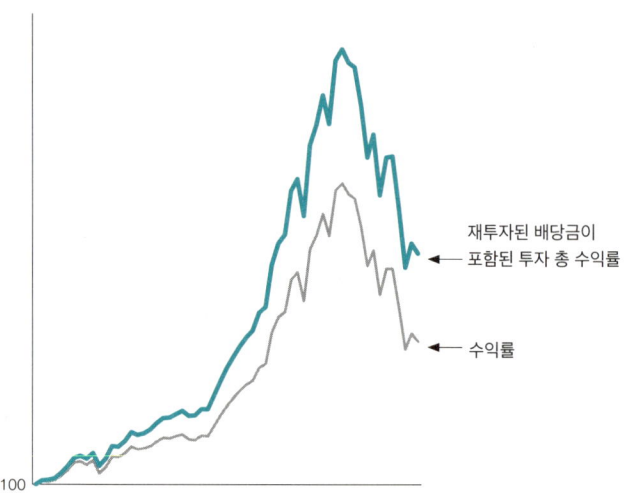

상대적 성과 드러내기

주식을 특정 지수와 동종 그룹 내의 다른 주식과 비교하기 위해, 흔히 각 주식이나 지수에 100달러씩 투자했다고 가정한 후, 재투자한 배당금을 포함한 수익률 차트를 그린다. 기존의 데이터 집합의 기준선을 100으로 재산정했다.

주가 지수는 주가나 시가총액 또는 지수편입 주식의 개별 특성에 따라 산출한 가중평균이다.

가중 평균에 대한 내용은 96쪽을 참조.

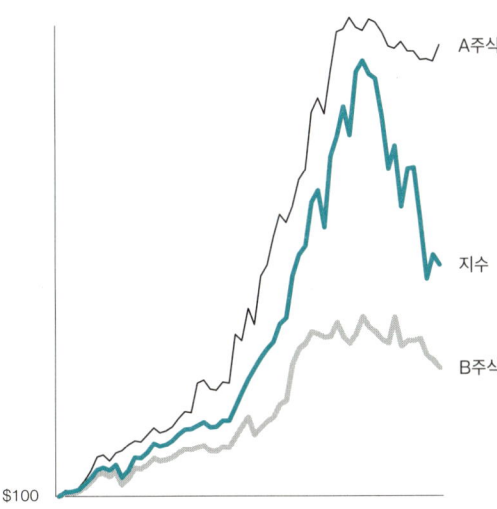

돈

산술평균수익률 vs. 기하평균수익률

매해 투자수익률은 전년도의 수익률에 따라 달라진다. 예를 들어 어떤 해에 큰 수익을 거두면, 그 이후 이어지는 몇 년 동안 수익을 창출할 수 있는 자본을 더 많이 보유하게 된다. 거꾸로 자본을 더 많이 보유하면 더 많은 수익을 낼 수 있다. 따라서 기하평균수익률을 계산하면 일정 기간 투자가 어떻게 이뤄졌는지 더 정확하게 측정할 수 있다.

산술평균수익률
매년 수익률의 산술평균

기하평균수익률
초기 투자에 대한 복리 수익률

예시
A주식의 수익률은?

햇수	주가	연간수익률
0	$100	
1	150	+50%
2	75	-50
3	90	+20
4	72	-20

산술평균수익률 = 연간수익률의 평균
= (+50% - 50% + 20% - 20%) / 4
= 0%

기하평균수익률 = 4년간 연단위로 계산한 수익

$$= \sqrt[4]{\frac{72}{100}} - 1 = -7.9\%$$

A주식은 연간 7.9% 손실을 본다.

계산방법:

햇수	연평균수익률	주식가치
0		$100
1	-7.9%	92
2	-7.9%	85
3	-7.9%	78
4	-7.9%	72

예시
1만 달러를 투자해 평균수익률 20%로 성장했다고 가정해보자.

햇수	수익률
1	-20%
2	+50
3	+100
4	-50
평균수익률 →	+20% 또는 수익률 0.2

오해 투자 수익이 매해 20%씩 복리로 증가할 거라 믿는 것은 잘못이다.
$$\$10{,}000 \times (1+0.2)^4 = \$20{,}736$$

실제 투자 이익은 복리 기준으로 4.7%이고, 기하평균수익률 계산에 따르면 수익은 1만 2천 달러이다. 산술평균수익률을 복리로 취급하면 실제 수익에 비해 8천 달러 이상 크게 왜곡된다.

금융시장 분석가들에게:
산술평균수익률과 기하평균수익률의 차이는 연단위 수익으로 인한 차이에서 기인한다.

기하평균수익률
= **산술평균수익률** - 조정계수

조정계수
$$= \frac{(\text{연평균수익률의 표준편차})^2}{2}$$

조정계수는 두 개의 평균 수익률 간의 정확한 차이 값에 대한 근사치다.

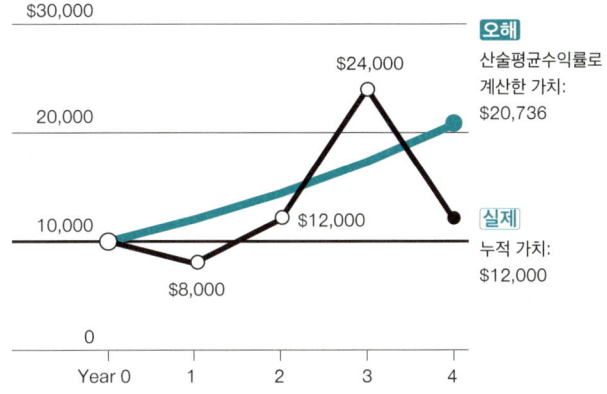

돈

통화 표시하기

외환시장도 규모가 크고 활발한 시장이다. 글로벌 기업 관계자라면 관례에 따라 다른 통화로 환산해야 할 때가 있다. 다음은 현물 환율표다.

	$	€	¥	£	C$	圓
	미국 달러 1 USD	유로 1 EUR	일본 엔 1 JPY	영국 파운드 1 GBP	캐나다 달러 1 CAD	홍콩 달러 1 HKD
USD	1	1.4165	0.009537	1.7802	0.9313	0.1286
EUR	0.7060	1	0.006733	1.2568	0.6574	0.0908
JPY	104.85	148.53	1	186.66	97.65	13.48
GBP	0.5617	0.7957	0.005357	1	0.5231	0.0722
CAD	1.0738	1.5211	0.010241	1.9117	1	0.1381
HKD	7.7761	11.0150	0.074161	13.8430	7.2414	1
관례적인 시장 환율 표기		EURO per USD	Yen per USD	British pound per USD	Canadian dollars per USD	Hong Kong dollars per USD

비고: 트레이더들의 컴퓨터 화면에서 보면 숫자들이 소수점을 기준으로 정렬돼 있지 않다. 소수점 이하 숫자의 자릿수는 모두 일반적인 환율 표기법에 따른 것임.

화폐 환산

외화를 미국 달러로 환산할 때는 각 환율을 해당 외화 금액에 곱하거나 환율로 나눈다. 환율도 등락을 거듭하기 때문에 해당 기간의 환율을 사용해야 한다.

예시
100 캐나다 달러를 미화 100달러로 환산

환산단위	환율	계산식	환산
미국달러당 통화단위	C$1.0738 = US $1	1.0738 = US $1 100 = ? = (100 x 1) /1.0738	환율 C$100 /1.0738 로 나누면, **C$100 = US $93.13**

예시
영국 100파운드를 미국 달러로 환산

환산단위	환율	계산식	환산
통화단위 당 미국 달러	US$1.7802 = £1	1 = 1.7802 100 = ? = (100 x 1.7802) /1	환율을 곱하면 £100 × 1.7802 **£100 = US $178.02**

환율은 http://wsjmarkets.com에서 찾아볼 수 있다.

3장 차트 편람

뜻밖의 이익

해외 사업과 관련한 재무 데이터를 나타낼 때는 환율을 고려해야 한다.

재고나 대출 같은 자산과 부채를 표시할 때, **해당 기간의 마지막 날짜 (예: 12월 31일) 환율**을 적용하여 현재까지의 누적값을 구한다.

이익과 손실을 표시할 때는 각 기간의 **평균 환율**을 사용하여 해당 기간 환율이 미친 영향을 나타낸다.

더 궁금한 이들에게:
회계에서는 누적환산조정(Cumulative Translation Adjustment) 으로 알려진 퍼지 요인(fudge factor)*을 사용하여 평균환율과 말일 환율을 동시에 사용하면서 생기는 차액을 조정한다.

예시
독일 자회사의 이익

기간	분기별 이익 (단위: 백만)	평균 환율	미국 달러 표시 이익 (단위: 백만)
q1	5 euro	1 euro = US$1.00	$ 5.0
q2	6	1 euro = US$1.10	6.6
q3	7	1 euro = US$1.20	8.4
q4	8	1 euro = US$1.30	10.4

유로 표시 이익

미국 달러 표시 이익

유로화가 강세를 보일수록 미화 표시 이익도 덩달아 증가한다.

* (옮긴이) 관찰 또는 예상에 맞도록 계산식이나 공식 또는 모형에서 사용하는 임의의 값

117

돈

통화 차트

통화 차트를 그릴 때는 보는 이가 직관적으로 파악할 수 있도록 그리는 것이 중요하다. 독자들은 **통화가 강세를 나타내면 상향 추세선, 약세를 보이면 하향 추세선이 나타날 거라 예상한다.**

관례적인 시장 환율 표기
- 유로당 미국 달러
- 미국 달러당 엔
- 영국 파운드당 미국 달러
- 미국 달러당 캐나다 달러
- 미국 달러당 홍콩 달러

세계화가 이뤄지면서 비즈니스 프레젠테이션에서 환율 변동이 성과에 끼친 영향을 보여주기 위해 통화 차트를 많이 활용한다.

다른 통화에 대해
미국 달러의 강세/약세

메시지의 핵심이 미국 달러와 연결되어 있다면 차트에서는 1달러로 살 수 있는 외환금액을 표시해야만 한다.

예시

엔화 대비 미국 달러가 강세다. 즉, 1달러로 더 많은 엔화를 살 수 있다는 뜻이다. 상향 추세선으로 달러 강세임을 알 수 있다.

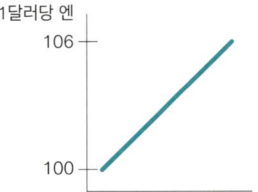

엔화 대비 미국 달러가 약세다. 즉, 1달러로 살 수 있는 엔화가 줄어든다. 하향 추세선이 달러 약세임을 보여준다.

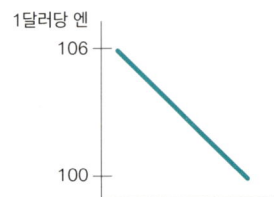

미국 달러에 대한
외국 통화의 강세/약세

메시지의 핵심이 외국 통화와 관련있다면 차트에서는 외국 통화당 살 수 있는 미국 달러를 표시해야만 한다.

예시

미국 달러화 대비 유로화가 강세다. 즉 1유로로 미국 달러를 더 많이 살 수 있다. 상향 추세선이 유로 강세를 나타낸다.

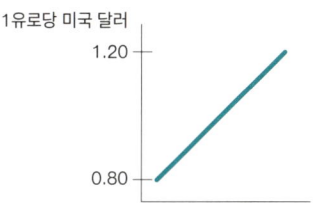

미국 달러화 대비 유로화가 약세다. 즉, 1유로로 살 수 있는 미국 달러가 줄어든다. 하향 추세선이 유로화 약세를 나타낸다.

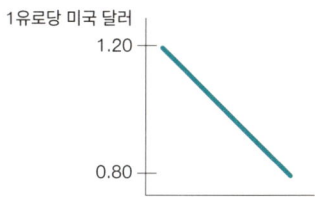

인버스 스케일(Inverse Scale)

관례적인 통화 표기법을 고수하다보면 통화 약세임에도 불구하고 차트는 상향 추세로 표현될 때가 있다. 반대로 통화 강세인데 하향 추세로 표시될 때도 있다. 이때 인버스 스케일을 사용하면 선의 방향이 바뀌어 직관적으로 이해하기 쉬워진다.

예시

메시지의 핵심이 미국 달러이고, 통화 표시는 유로당 달러다. 인버스 스케일을 적용한 차트는 달러가 강세면 상향 추세를 나타낼 것이다. 1유로를 사는 데 드는 달러화가 더 적어진다.

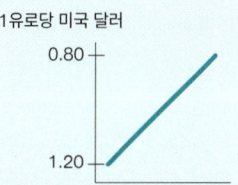

인버스 스케일은 이 분야에 대해 많이 아는 청중을 대상으로 할 때 사용해야 하며 명확한 보충설명을 달아놔야 한다.

Missing Data?

Big
Numbers

Small Change

Coloring with black ink

Comparable
Scales

4장 난감한 상황

가공 전의 데이터는 다이아몬드 원석과 같다. 세상에 선보이기 위해서는 잘 세공하고 세팅해야 한다. 때로는 간단히 데이터만 보여줘도 된다. 그러나 대부분의 경우 메시지를 의도한 대로 잘 전달하기 위해서는 정보를 재구성할 만반의 준비가 돼 있어야 한다.

현실에서는 언제나 예상치 못한 문제가 일어나기 마련이다. 일부 데이터 포인트가 빠져 있다고 해당 데이터 집합을 무조건 폐기시켜야 할까? 광범위한 데이터 흐름 안에서 미미한 상승분을 제대로 표현하려면 어떻게 해야 할까? 가격 변동폭이 10달러인 주식과 100달러인 주식을 시각적으로 비교할 때 가장 효과적인 방법은 무엇일까? 컬러를 사용할 수 없을 때 강조를 드러내기 위해 검은색을 효과적으로 사용하려면 어떻게 해야 할까?

정해진 선택지 중에 제대로 된 해결책을 찾으려면 판단력과 경험이 필요하다. 이번 장에서는 이런 주제를 다룸으로써 더 복잡한 상황도 헤쳐 나갈 수 있는 발판을 독자에게 제공하고자 한다.

사라진 데이터

그래도 차트로 만들 만한 가치가 있을까?

모든 자료를 샅샅이 뒤졌지만, 여전히 데이터 집합에 빠진 데이터가 있다. 그래도 차트를 그려야 할까? 차트의 목적이 큰 흐름을 보여주는 데 있다면, 데이터 포인트가 조금 빠졌어도 충분히 차트로 표현할 가치가 있다.

데이터 포인트가 몇 개 없다 해도 사실을 공정하게 차트로 나타낼 수 있는지를 평가하라.

동일한 데이터 수집 방법론에 의해 얻은 데이터라면, 다른 출처라 하더라도 데이터를 가져와 하나의 데이터 집합으로 완성해도 된다.

한두 개의 데이터 포인트가 없을 때

대부분의 경우 한두 개의 데이터 포인트가 없는 차트라 하더라도 차트로서의 가치를 잃지는 않는다. 그러나 빠진 데이터 포인트가 메시지의 핵심일 때는 얘기가 달라지는데, 일례로 장난감 매장의 12월 매출액 같은 데이터가 빠지면 안 되는 데이터 포인트다.

막대 차트라면 데이터 포인트가 없는 부분은 비워두고 각주를 달아라. 10개의 데이터 포인트 가운데 2개 이상이 없다면 막대 차트를 그리지 마라.

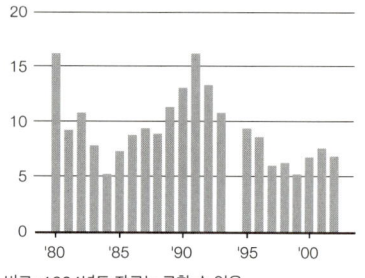

비고: 1994년도 자료는 구할 수 없음.

길게 연속된 데이터를 선 차트로 그릴 때는 간격을 메워 선을 계속 잇는다. 추세를 보여주는 게 목적이기 때문에 데이터 포인트가 몇 개 빠진다고 큰 문제가 되지 않는다.

짧은 연속 데이터를 선 차트로 그릴 때는 간격을 메우고 데이터 포인트를 표시해 준다. 데이터 포인트 10개 중 2개 이상이 없으면 선 차트를 그리지 마라.

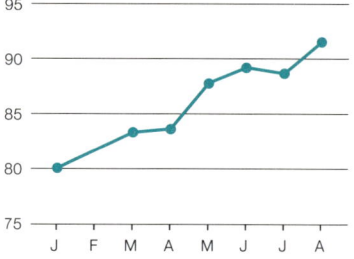

산재한 데이터 포인트

데이터 집합 내에 빠진 데이터 포인트가 여러 개면 전달하고자 하는 메시지와 직접 관련된 샘플 데이터 포인트를 찾는다. 추가로 데이터를 조사하여 차트를 뒷받침하라.

예시

가장 최근 값으로 차트를 그린 후에 전달하고자 하는 메시지와 직접 관련 있는 역사적 데이터 포인트를 찾는다. 예를 들어 제품이 최초로 출시된 해의 같은 데이터를 고른다.

파이 차트는 어느 한 조각이라도 데이터가 빠졌다면 그리지 마라. 파이 차트는 전체를 보여주고, 모두 더했을 때 100퍼센트인 경우에만 사용한다.

여기에 새로운 정보, 이를테면 부서별 매출액 같은 것을 더해서 좀 더 명확한 차트로 만들어 준다.

부서별 매출수익

2010년도 매출: 2억 달러

2007년도 매출: 1억 달러

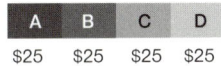

큰 숫자, 작은 변화

과장하지 않고 강조하기

수직 막대는 항상 0 기준선에서 시작하라. 0이 아닌 다른 값에서 시작한 수직 막대는 값의 변화를 과장하며, 각각의 막대가 나타내는 값을 모호하게 할 뿐만 아니라 데이터 비교를 어렵게 만든다.

아래의 예시 차트에서는 2009년 값이 2008년보다 여섯 배는 많아 보인다. 그러나 실제로는 전년대비 두 배 증가했을 뿐이다. 독자는 두 막대의 길이를 눈으로만 비교해서는 사실을 추론할 수 없다.

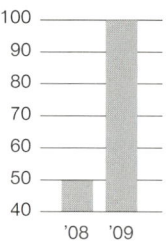

값의 변화 보여주기 vs. 실제 값 보여주기

데이터 포인트가 아주 많거나 값들이 서로 비슷비슷하면, 수직 막대의 높이도 거의 비슷하여 구분이 잘 안 된다. 이런 경우, 값의 차이나 증감률로 그래프를 그리는 게 더 효과적일 수 있다. 막대 차트를 선 차트로 바꿔 추세를 과장하지 마라. 개별 수량을 나타낼 때는 항상 막대그래프를 사용하라.

예시

연도	매출	전년 대비 변화
2004	$ 80 million	
2005	85	+$ 5 million
2006	92	+ 7
2007	100	+ 8

절대값 그래프는 실제로 거둔 매출을 보여준다.

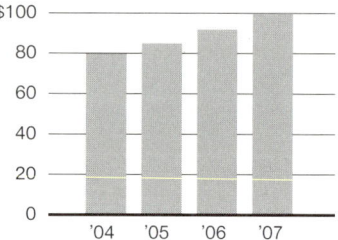

전년 대비 매출 차이를 그래프로 나타내면 해마다 증가한 매출액을 강조한다.

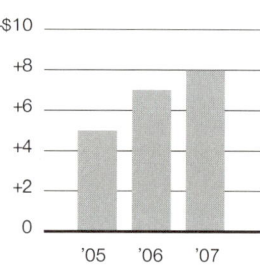

최근 변화를 시간 흐름의 관점에서 보여주기

때로 차트 하나가 두 가지 목적을 달성해야 할 때가 있다. 이를테면 시간의 흐름에 따른 추세를 보여줌과 동시에 최근의 고점과 저점을 보여줘야 하는 경우다. 장기적인 시계를 나타내는 차트에서 가장 최근 데이터 포인트의 작은 변화는 포착하기 어려울 수 있다. 그런 경우 추가로 차트를 작성하거나, 주목해야 할 부분을 확대해서 차트에 삽입한다.

아래 예시는 가장 최신의 데이터 포인트를 눈에 띄게 해, 지난 5일간 절반으로 가치가 하락했음을 강조한다.

장기적인 시계 차트와 기간을 한정해서 보여주는 차트의 타임 프레임은 그 기간이 10년이든 일주일이든 핵심 메시지와 직접적인 관련이 있어야 한다. 최신 데이터 포인트를 확대하는 이유는 따로 떼어내지 않으면 모르고 지나칠 수 있는 중요한 변화를 나타내기 위해서다. 멋지게 보이려고 확대하지 마라.

두 구획을 나란히 배치하기

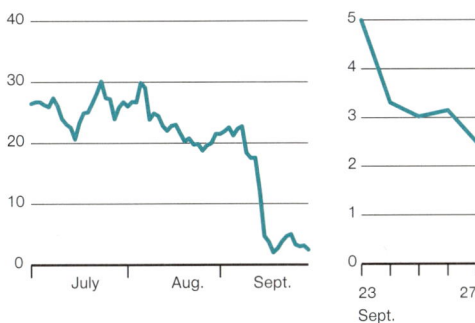

확대해서 보여주기

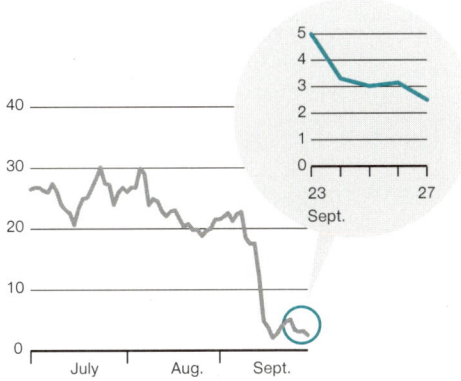

비교 가능한 척도

개미 vs. 코끼리

증감률이 실제 값보다 더 설득력 있는 이유는 투자자들이 증감률을 자신들의 초기 투자금액에 환산해 볼 수 있기 때문이다.

어떻게 10달러짜리와 100달러짜리 주식의 실적을 공정하게 비교할까?

10달러짜리 주식이 10달러 오른 것은 100달러짜리 주식이 10달러 오른 것과 다르다. 10달러짜리가 10달러 올랐다는 건 가치가 두 배로 늘어났다는 얘기지만, 100달러짜리 주식은 10%밖에 오르지 않은 것이다.

증감률 나타내기

예시

연차	A 주식	B 주식
0	$10	$100
1	$20	$110
전년 대비 증감률	+100%	+10%

엄밀히 따지면 주식의 실제 가격으로 차트를 그리는 게 맞지만, 그럴 경우 시각적으로 두 주식의 상대적인 성과를 판단하는 건 불가능하다.

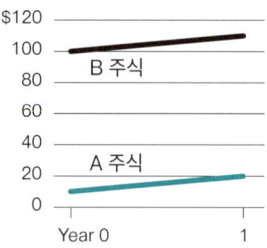

반면 아래 차트는 단번에 10달러짜리 주식이 100달러짜리 주식보다 더 수익성이 높다는 것을 보여준다.

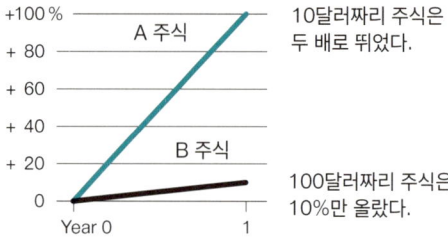

비교 가능한 척도 선택하기

실제 값을 보여주는 게 증감률로 나타내는 것보다 더 적절할 때가 있다. 그런 경우, 비교 가능한 척도를 사용해 차트를 그리는 것이 데이터 집합을 공정하게 비교할 수 있는 유일한 방법이다. 비교 가능한 척도를 빠르고 손쉽게 도출하는 방법은 두 개 차트의 Y축 최솟값과 최댓값의 비율을 같게 하는 것이다.

독자들은 평평한 선은 소폭 상승, 기울기가 가파른 선은 급격한 상승을 나타낸다고 짐작한다. 비교 가능한 척도를 사용한 차트는 정확한 비교에 도움을 준다.

예시

10달러대 주식의 Y축 척도는 6달러에서 12달러까지, 100달러대 주식은 80달러에서 160달러까지로 한다. 양쪽 모두 100% 증가비율을 갖는다.

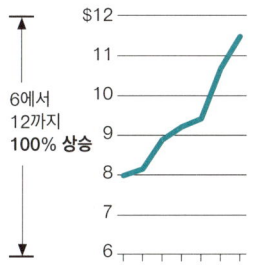
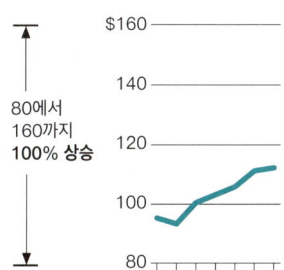

100달러대 주식의 차트에서는 90달러에서 120달러로 Y축의 척도를 잡고 싶을 수 있다. 그러나 그렇게 하면 10달러대 주식에 비해 상대적 성과가 과장되게 표현된다.

검은색으로 색감 표현하기

명암 대비와 강조하기

흑백도 얼마든지 '다채로울' 수 있다.

다른 밝기의 검정을 사용하여 여러 가지 질감을 표현할 수 있다. 강조점을 나타내고 싶을 때는 명암 대비를 활용할 수 있다.

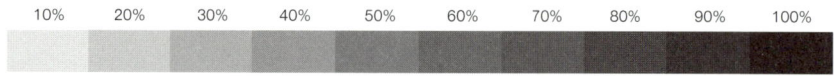

같은 밝기의 검정이라도 어떤 밝기의 바탕에 놓이느냐에 따라 다르게 보일 수 있다. 아래 예시를 보면, 네 개의 패널 중앙에 놓인 작은 정사각형은 모두 30% 밝기의 검정이지만, 둘러싸고 있는 각기 다른 회색 바탕에 따라 다른 밝기로 보인다.

0% black 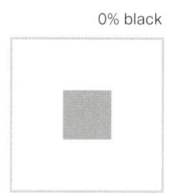 20% black 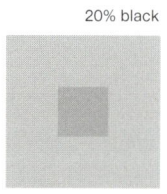 55% black 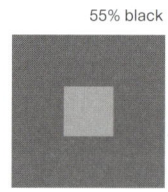 100% black

명암 대비와 가독성

명암 대비와 가독성은 서로 상충되는 점이 있다. 명암 대비가 너무 약하면 요소들의 차이를 분간하기 어렵다. 명암 대비가 지나치게 강하면, 검은색 바탕 위의 이미지처럼 약간 퍼져 보이면서 vibration 가독성이 떨어진다. 흰색이나 밝은 색 바탕에서 검은색 텍스트나 그래픽의 가독성이 가장 좋다.

명암 대비가 지나치게 강하다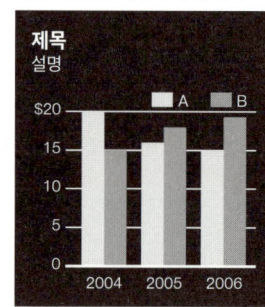

가독성이 더 좋다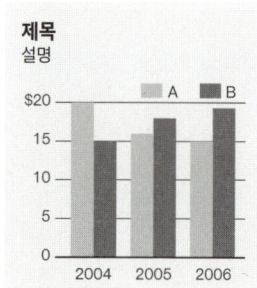

검은색의 밝기로 강조하기

다른 톤의 검은색으로 정보의 중요도를 구분해 줄 수 있다. 명암 대비가 충분하면 중요한 메시지임을 강조할 수 있다.

그레이 스케일을 정할 때는 숫자가 아닌 눈으로 결정하라. 일정한 비율로 밝기를 정하면, 그레이 스케일이 일정하지 않을 수 있다. 처음에는 일정한 비율로 변화를 준 후 눈으로 봐가면서 조정한다.

검은색으로 중요한 선임을 나타냈다.

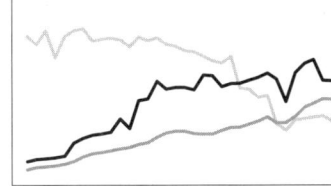

일정 비율로 밝기를 정하면 그라데이션이 고르지 않다.

10% 30% 50% 70% 90%

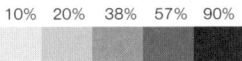

강조하는 영역을 다른 영역에 비해 더 밝거나 어둡게 표현할 수 있다.

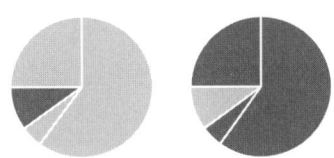

눈으로 보면서 그레이 스케일이 자연스럽게 나타나도록 조정한다.

10% 20% 38% 57% 90%

볼드체를 적절히 사용하고 음영을 주면 중요한 데이터라는 사실을 강조하는 데 도움이 된다.

Name	Data	Data	Data	Data
A회사	0.0	0.0	**12.0**	0.0
B회사	0.0	0.0	**11.0**	0.0
C회사	0.0	0.0	**10.0**	0.0
D회사	0.0	0.0	**9.0**	0.0
E회사	0.0	0.0	**8.0**	0.0

그레이 스케일gray scale은 단계적 차이를 구분하는 데 활용할 수 있다.

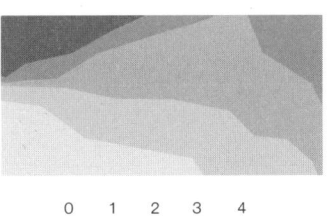

0 1 2 3 4

5장 차트로 계획 세우기

기업의 프로젝트 계획과 예산서, 진척 보고서는 기업의 정글을 헤쳐 나가는 데 반드시 필요한 도구들이다. 이것들이 우리의 나침반이자 북극성이다.

어떻게 하면 5분 안에 의사결정자들과 가장 효과적으로 커뮤니케이션 할 수 있을까?

간결한 그래픽 안에 담긴 설명은 흥미를 유발하고 사안의 시급성을 전달하여 차질 없는 업무수행에 도움을 준다. 계획을 세울 때 도표를 이용하면 문제를 사전에 도출하는 데 도움이 된다.

성공적인 계획 수립이 곧 성공의 밑거름이다.

계획 세우기

팀 꾸리기

조직도는 직함을 나열할 뿐 아니라 프로젝트에 따라 바뀌는 기능적 역할을 보여주기도 한다.

　조직도를 그릴 때는, 가능한 한 그래픽 요소는 자제하라. 이름마다 테두리 치는 것을 피하라. 여기서 테두리는 아무런 정보도 보태지 않는다. 차트는 깔끔하게 그려서, 독자가 조직도가 나타내는 서로 엮인 관계에만 집중할 수 있게 하라.

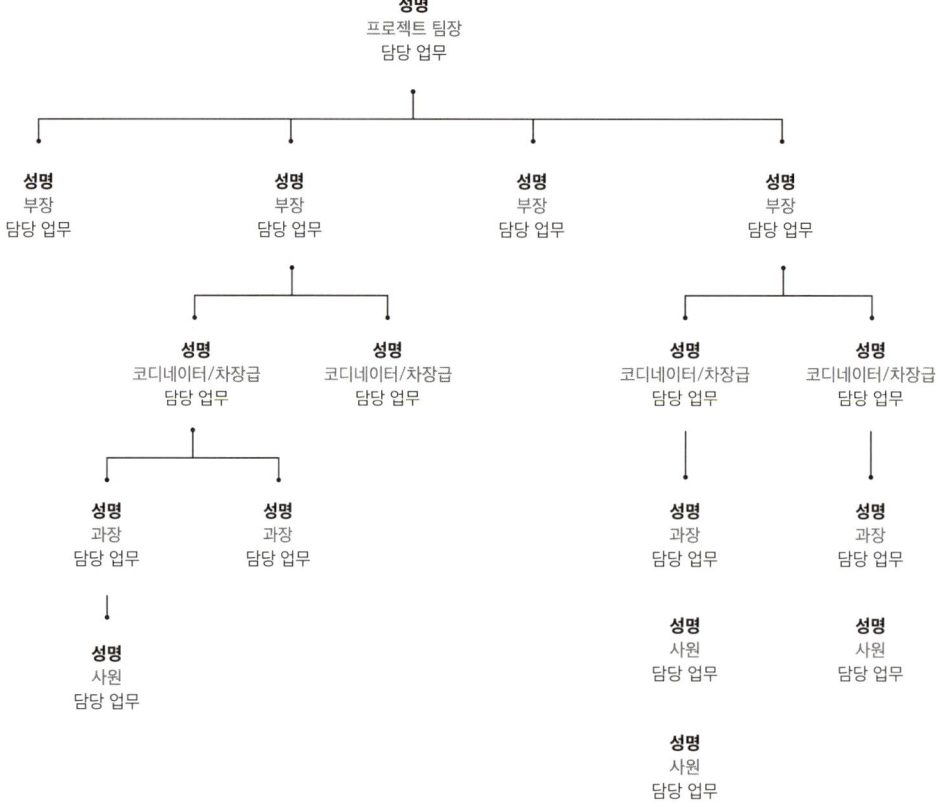

청사진 만들기

플로 차트, 즉 트랜잭션 다이어그램이나 업무 흐름도를 그릴 때는 주요 구성요소만 남겨 차트를 단순화시킨다. 한 개의 다이어그램 안에 모든 대안을 다 보여줄 필요는 없다. 프로세스상의 단계들을 보여줄 때는 원본을 조금씩 수정해서 보여주는 것이 제일 좋다. 너무나 많은 화살표가 들어오고 나오다보면, 차트가 지나치게 복잡해져서 독자들을 혼란에 빠뜨린다.

예시
구조금융 업무 흐름도

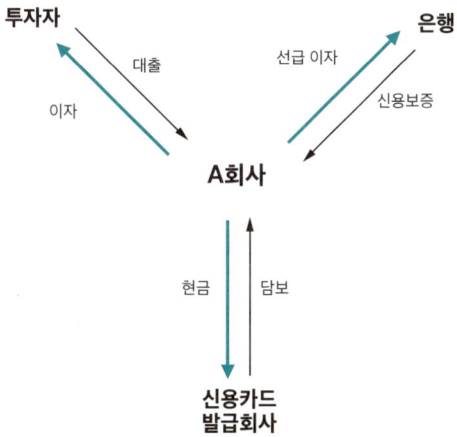

화살표의 방향 구분을 위해 화살표 색깔을 달리 할 수 있다.

흐름도에서 상자는 가급적 쓰지 마라. 그래픽 요소와 복잡도는 딱 필요한 만큼만 유지하라. 독자가 화살표의 방향과 흐름에 집중하도록 해야지 시선이 상자 쪽으로 가게 해서는 안 된다.

화살표 방향을 따라간다고 글씨를 옆으로 눕히지 마라. 굳이 고개를 돌려 읽지 않아도 되게 서체를 반듯하게 유지하라.

실행하기 전에 할 것들

일정 수립

업무 계획을 상세하게 세우면 잠재적인 방해 요인을 예측하고 프로젝트 시작 전에 우선순위 업무를 정비하는 데 도움이 된다.

예시
주어진 기간 동안 완수할 프로젝트별 조치 항목 설명

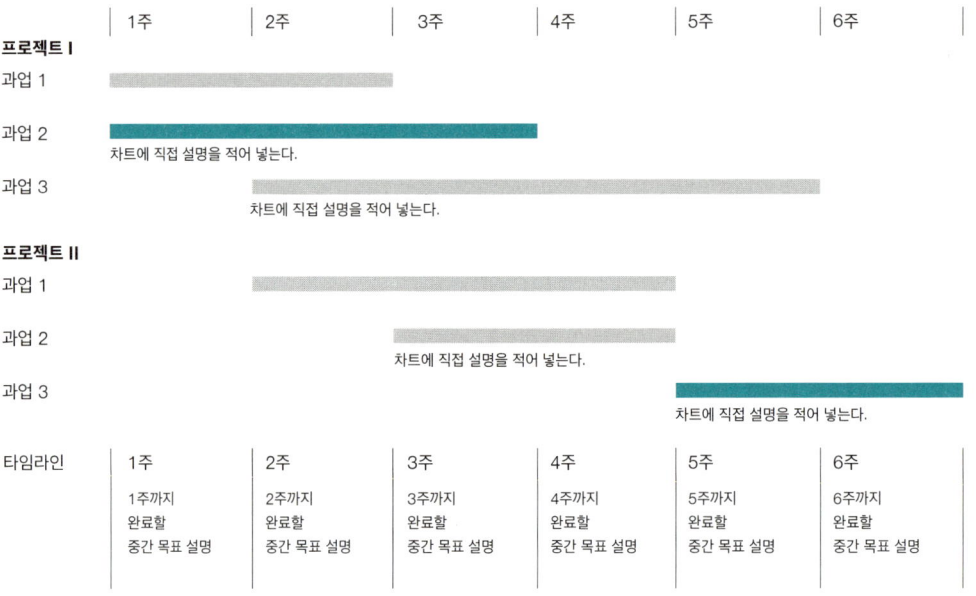

색상으로 팀별 또는 개인별 할당 업무를 구분해 주거나, 업무 중요도를 표시할 수 있다. 내용을 요점만 정리해서 차트에 포함시켜라. 이런 업무 계획표는 한눈에 들어오는 총괄 요약표 기능도 한다. 요약한 내용을 추진일정 표시 막대 가까이에 붙여 넣으면 독자의 시선을 분산시키거나, 최악의 경우 다른 페이지를 뒤적거릴 필요 없이, 신속하게 참고할 수 있다. 짧은 내용은 차트에서 바로 볼 수 있어야 한다. 추가 노트는 길고 상세한 설명이 필요한 항목에만 사용하도록 한다.

경쟁사 추적

시각적인 **타임라인**은 경영진을 설득하고, 트레이드오프 사항을 결정하며, 업무 추진에 활력을 불어 넣는다.

예시
제품 출시 타임라인

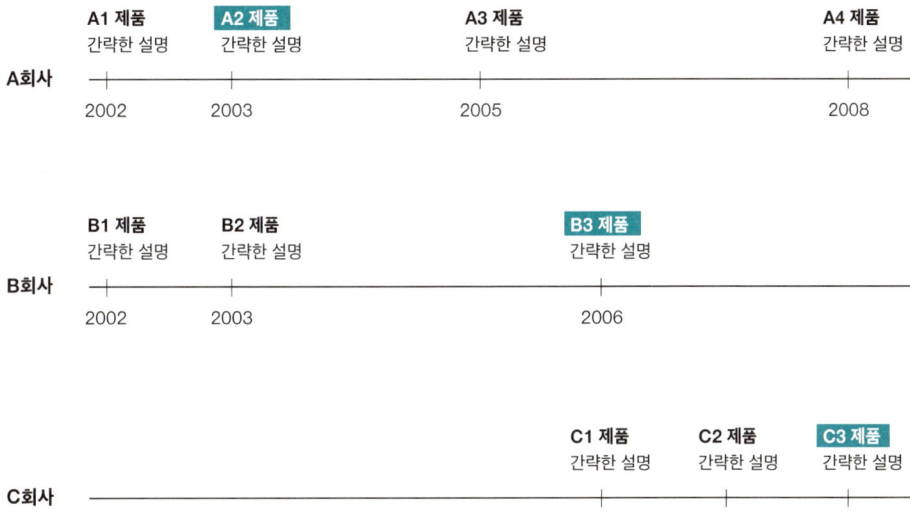

경쟁 상품임을 강조하기 위해 색상을 사용할 수 있다. 차트에 회사별 타임라인을 나란히 배치할 때는 특정 단계가 표시되어 있지 않아도 모두 연도에 맞춰 정렬해야 한다. 그러면 정보를 담고 있는 날짜만 기입하는 것으로도 충분해진다.

순조로운 진행

진척 보고

완벽한 계획은 없다. **진척 보고서**는 상황을 재평가하고 순조로운 업무 추진을 위해 전략을 조정할 수 있게 도와준다.

예시
진척 보고서에 전체 업무흐름에 영향을 주는 요인과 순조로운 프로젝트 진행에 필요한 조치 사항을 담으면 시급성을 일깨우고 비효율적인 전략은 재설정할 수 있다.

| 상태 | ● 지연 | ○ 정상 | ● 완료 |

	마감일자	A팀	B팀	타 업무에 끼치는 영향	필요한 관리 조치
과업 1	1월 1일	●	○		
과업 2	2월 2일	○	●	다른 업무에 끼치는 영향 기술	계획 조정에 필요한 조치 사항 목록
과업 3	3월 3일*	●	○	다른 업무에 끼치는 영향 기술	계획 조정에 필요한 조치 사항 목록
과업 4	4월 4일	●	○		
과업 5	5월 5일	○	○		
과업 6	6월 6월	◐	●	다른 업무에 끼치는 영향 기술	계획 조정에 필요한 조치 사항 목록

*수정된 마감일자

색을 사용해서 지연되고 있는 업무를 강조할 수 있다. (색을 통해) 패턴이 드러나면 의사 결정자들이 문제가 자원 부족 때문인지 아니면 비현실적인 목표 때문인지 판단하는 데 도움이 된다. 색을 사용할 수 없을 때는 검정색의 명도를 조절하여 색상을 사용한 것 같은 효과를 거둘 수 있다.

    그리드 선은 가능한 적게 사용하라. 그리드 선이 너무 많으면, 핵심 메시지를 담고 있는 상태 표시점들이 묻혀버린다.

파급력이 큰 문제 찾기

우선순위 선정은 정말 중요하다. 파급력이 가장 큰 핵심 사안을 찾아내고 거기에 집중하라. 우선순위는 높으나 실적이 좋지 않은 프로젝트를 보여주는 간결한 차트는 관리자들이 개선이 필요한 프로젝트의 중요한 면에 집중할 수 있게 해준다.

예시
상황 보고서에서 중요한 업무인 경우에 아이콘을 더 크게 표시하면, 추가 작업이 필요한 우선순위 프로젝트에 자원을 바로 투입할 수 있도록 안내한다.

관리자들은 순조롭게 진행 중인 프로젝트에 관한 좋은 소식(● ● ●)을 주된 화제로 삼거나 중요도가 떨어지는 사안(● ● ●)에 관심을 쏟기도 한다. 둘 다 파급력이 큰 문제에 쏟을 시간을 낭비하는 것이다.

 이런 상황 보고서는 관리자들이 중요한 프로젝트지만 효과를 내지 못하는 프로젝트(● ●)에 집중하도록 해준다.

비용과 자원 관리

어떤 상황인지 살펴보기

스파이더 차트는 모든 데이터 포인트를 손쉽게 비교할 수 있게 해준다.
  이런 점은 순차적인 비교를 강조하는 일반 막대 차트보다 우수하다. 스파이더 차트는 한 데이터 집합에서 반복되는 패턴을 설명할 때 가장 유용하다.

예시
5주간 직원 두 명의 근무시간을 비교하는 데 사용한 스파이더 차트다. 다각형의 면적은 전반적으로 누가 일을 더 많이 했는지 즉각 알려주며, 모양은 주별 업무 시간을 나타낸다.

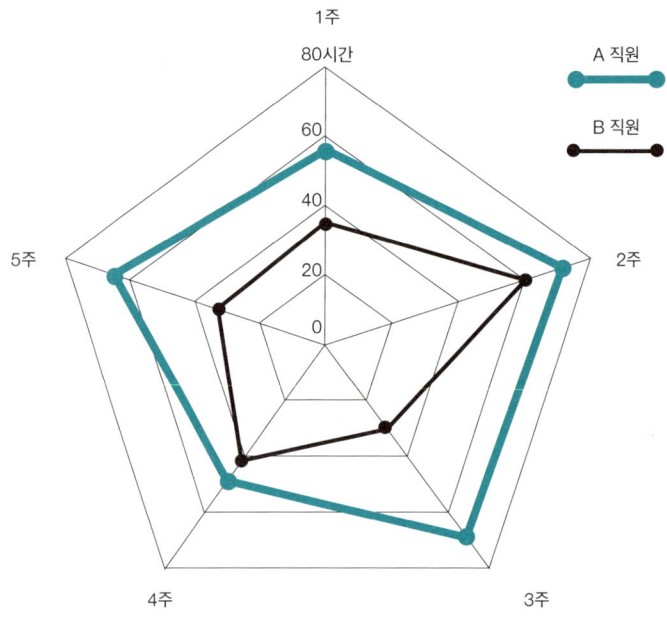

기대 수준 초과

프로젝트 매니저들이 제일 많이 받는 두 가지 질문은 다음과 같다.

- 일정대로 진행 중인가?
- 예산대로 진행 중인가?

일정 vs. 예산을 나타낸 차트는 고위 관리자와 의사소통할 때 사용하는 간단하고 딱 부러지는 방법이다.

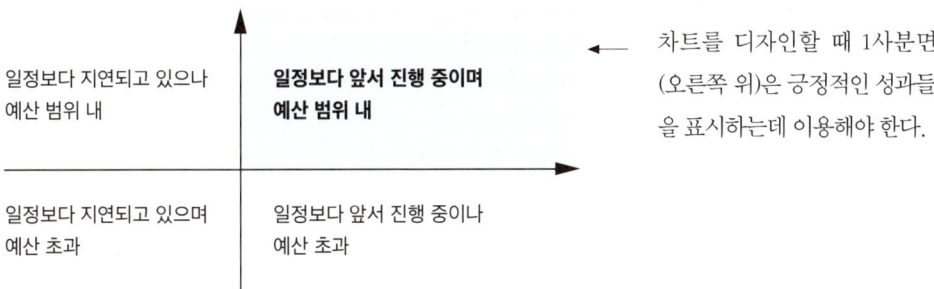

차트를 디자인할 때 1사분면(오른쪽 위)은 긍정적인 성과들을 표시하는데 이용해야 한다.

예시
이 차트는 시간과 비용 절감 측면에서 모든 프로젝트의 상황을 요약해서 보여주고 있다. 한눈에 A프로젝트와 D프로젝트가 기대 이상의 성과를 낸다는 걸 알 수 있다.

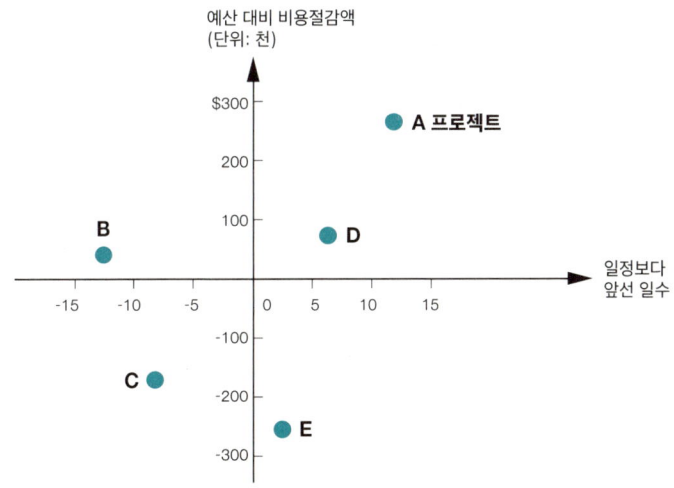

요약

차트마다 신중하게 고른 데이터 집합과 프레젠테이션 스타일, 색채 배합을 통해 흥미로운 이야기를 전하라.

- 숫자에 맥락을 부여하라.
- 독자를 대신하여 계산하라. 변화율과 절대 수치 중 무엇이 더 진실한 표현인지 결정하라.
- 가능한 한 글꼴의 종류는 적게 사용하라. 볼드체나 이탤릭체는 다른 것들과 구분할 목적으로 사용하되, 두 종류를 한꺼번에 사용하지 마라.
- 장식 목적이 아닌 정보 전달을 위해 색을 사용하라.
- 독자가 힘들이지 않고 차트를 읽을 수 있도록 열심히 노력하라. Y축 척도의 증가분은 자연스러운 단위를 사용하라. 모든 막대 차트의 기준선은 0으로 하라. 파이 차트에서 면적이 가장 큰 파이 조각은 파이 차트의 꼭대기인 12시 방향에 배치한다.

되도록 적은 수의 그래픽 요소만 사용하여 시각적인 깔끔함을 유지하는 것이 핵심이다. 복잡도는 새로운 정보가 있을 때만 추가되어야 한다.

차트의 형식을 결정하기 전에 요점을 명확하고 딱 부러지게 드러낼 수 있도록 정보를 걸러내라. 각 차트에는 핵심 메시지 전달에 필요한 만큼의 정보만 담아라. 단 하나라도 불필요한 정보를 더하지 마라.

간결하고, 간결하며, 간결하라!

13쪽에 나온 효과적이지 않은 차트에 대한 해결책

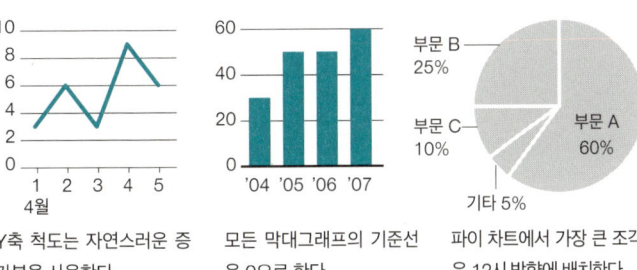

Y축 척도는 자연스러운 증가분을 사용한다.

모든 막대그래프의 기준선은 0으로 한다.

파이 차트에서 가장 큰 조각은 12시 방향에 배치한다.

정보를
이해하고
편집하고
단순화시키고
독자를 고려하여
디자인하라

상상하고 배우며 질문하여 사물의 근원을 파헤치라고 가르쳐준 루이빌대학과 예일대의 교수님들께 감사드립니다.

　Alvin Eisenman, Armin Hofmann, Bradbury Thompson, Dorothea Hofmann, Edward Tufte, Inge Druckrey, James Grubola, John Gambell, Mike Kelley, Min Wang, Paul Rand, Phil Wakeman, Steve Skaggs와 Ying Kit Chan에게 감사드립니다.

　이 자리를 빌려 오랜 기간 함께 한 동료들에게도 감사의 말을 전하고 싶습니다. 아이디어와 경험을 공유하고, 내게 도전의식을 북돋아 주었습니다.

　Alan Anspaugh, Archie Tse, Bonnie Scranton, Brad Paley, Brian Wu, Charles Blow, Charles Fairweather, Chris McCullough, Christina Rivero, Daniel Beunza, Dave Kansas, David Pybas, Dominic Arbitrio, Dylan McClain, Ellen Lesser Comisar, Floyd Norris, Glenn Kramon, Gordon Akwera, Greg Leeds, Howard Hoffman, Jim Pensiero, Jim Schachter, Joanne Lipman, Joe Dizney, Joe Paschke, John Geddes, Jonathan Pillet, Joseph Tracy, Jovi Juan, Joyce Edwards, Judy Dobrzynski, Karl Gude, Ken Resen, Kevin McKay, Kris Goodfellow, Larry Ingrassia, Laura Chang, Marcus Brauchli, Martin Wattenberg, Matt Murray, Megan Jaegerman, Melinda Beck, Michael Connolly, Nell Cote, Paul Steiger, Rich Meislin, Richard Teitelbaum, Robert Thomson, Roger Black, Sarah Slobin, Seth Feaster, Steve Duenes, Steve Heller, Tom Bodkin, Tomaso Capuano, Tomoeh Tse에게 고마움을 전합니다.

　나와 함께 간결함에 대한 열정을 나누고 열심히 일해준 시겔+게일 Siegel+Gale 직원들인 Alan Siegel, Cari Roberts, Charlene Raytek, Christine Mauro, David Srere, Howard Belk, Irene Etzkorn, Lee Rafkin, Madge Dion, Marina Posniak, Mary Quandt, Rachael Keeler, Richard Pasqua, Thomas Mueller, Valentina Miosuro에게 감사의 마음을 전합니다.

　아낌없이 지원해준 Alan Siegel과 Lee Rafkin, 그리고 멋지게 표지 디자인을 해준 Kate Torgan에게도 고마움을 전합니다.

　월스트리트저널 인포그래픽 동료인 Andrew Garcia-Phillips, Brett Taylor, Carlos Tovar, Dan Ion, Erik Brynildsen, Francesco Fiondella, Gail Zuniga, Jeff Magness, Jessica Yu, John Won, Josh Ulick, Luis Santiago, Maryanne Murray, Michael Ovaska, Neven Telak, Pat Minczeski, Randy Yeip, Reg Chua, Renee Rigdon, Rich Franconeri, Rubina Madan Seth Hamblin, Thad Chambers에게도 감사의 말을 전하고 싶습니다.

　여러분은 매일 나와 최전방에서 함께 하신 분들입니다.

　이 책은 나의 책이 아니라 여러분의 책입니다.

감사의 글

항상 사랑과 용기를 준 가족에게 깊은 감사의 말을 전합니다.

남편이자 최고의 친구 Joe Koltisko, 사랑하는 아이들 조이스와 마이클, 할머니, 할아버지, 엄마, 아빠, 이모, 외삼촌, 매기와 마리에게 사랑과 고마움을 전합니다.

예일대에서 논문 지도교수이자, 나를 정보 디자인 분야로 이끌어준 에드워드 터프티 교수님에게도 감사드립니다.

나를 항상 믿어주고 삶의 기로에 있을 때마다 함께 해준 앨빈 아이젠만 Alvin Eisenman에게도 깊은 고마움을 느낍니다.

그리고 이 책을 잘 마무리할 수 있도록 도와준 많은 이들에게도 심심한 감사를 표합니다.

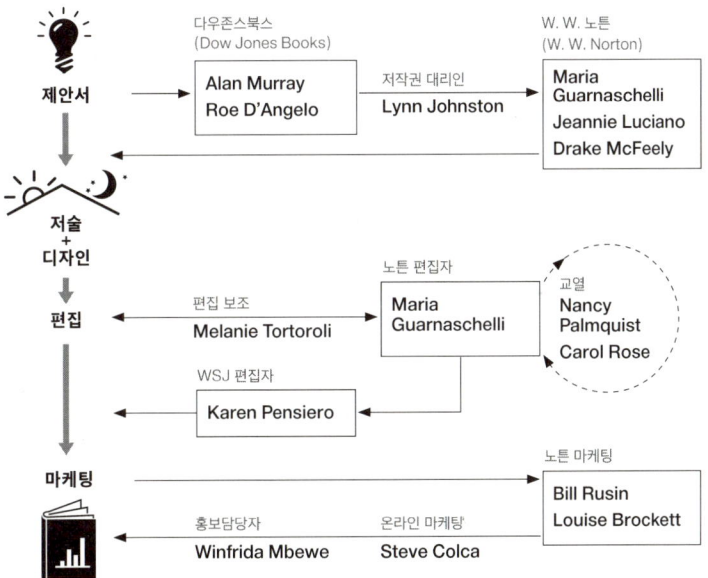

다우존스와 노튼의 뛰어난 전문가들 덕분에 이 책이 나올 수 있었습니다. 특히 Pual Kaplan, Anna Oler, Andy Marasia, Ingsu Liu, Eleen Cheung, Nomi Victor와 이외에도 많은 분이 도와줬습니다.

나의 친구들 John Brown과 Mary Brown, Lisu Chow, Sarah Ling, Angie Yeung, Jim Folino, Grace Sun, Lee Williams에게 항상 함께 해준 데 대해, 또 말도 안 되는 아이디어도 진지하게 들어준 것을 진심으로 고맙게 생각합니다.

창조적인 프로세스 공개

나의 액션 월

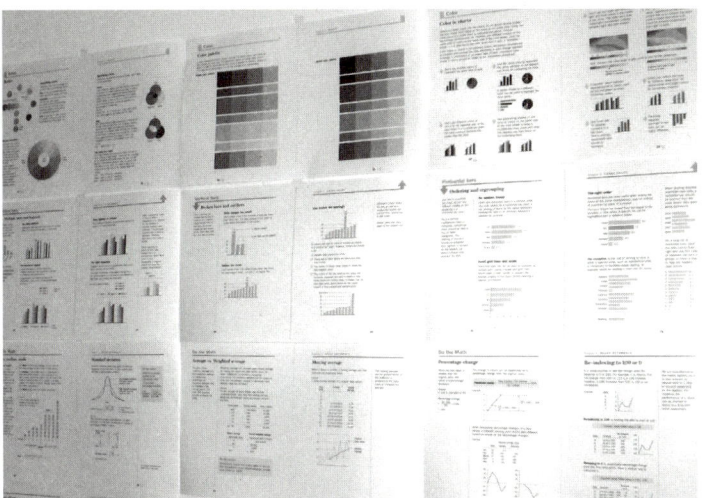

책을 쓰는 것은 저자의 창조적 에너지를 쥐어짜내는 것으로, 어떤 면에서 요술램프에 대고 요정을 살살 꼬드기는 것과도 비슷하다.

이 책을 쓰겠다고 처음 마음먹었을 때, 나는 집안의 커다란 한쪽 벽면을 치우는 일부터 했다. 상당한 분량의 페이지와 디자인이 완성되자 책에 게재될 순서대로 원고의 초안을 벽에 붙였다. 페이지들이 책이라는 형태를 벗어나 강렬하게 드러나면서 나의 창조적인 과정도 다음 단계로 넘어갔다.

디자인은 뭔가를 표현하고 창조하는 행위다. 이런 과정을 통해서 나는 저술 행위와 시각화를 총체적으로 경험할 수 있었다. 그런 다음에야 나는 내 아이디어와 시각화 전개를 따라가면서 모든 테마를 연결 지을 수 있었다.

이렇게 해서 한 권의 책이 완성됐다.

저자 소개

도나 웡은 인포그래픽 분야에서 20년 이상 분석의 세계와 시각화 세계를 연결하는 데 자신의 경력을 다 바쳤다.

도나 웡은 2001년에 월스트리트저널의 그래픽 디렉터가 됐다. 그곳에서 그래픽 에디터와 디자이너 팀을 이끌면서 속보 뉴스와 일간지의 그래픽을 담당했다. 9년간, 도나 웡은 신문과 자회사인 wsj.com, 월스트리트저널 유럽판과 아시아판의 그래픽 표준을 수립하고, 2002년 금융과 투자 섹션 Money and Investing 디자인 개편 시 핵심적 역할을 수행했다. 당시 해당 섹션의 디자인 개편은 WSJ가 처음으로 신문 디자인을 전면 컬러로 개편하는 프로젝트의 일환이었다. 월스트리트저널은 이 프로젝트로 뉴스디자인협회 Society of News Design 로부터 은상을 수상했다.

도나 웡은 1990년대 뉴욕타임스에서 시각저널리즘 분야에 첫발을 내디뎠으며 이곳에서 데일리 비즈니스 daily Business, 선데이 비즈니스 Sunday Business, 먼데이 미디어 비즈니스 Monday Media Business 섹션의 그래픽 담당 편집자를 맡았다. 뉴욕타임스에 입사하기 전에는 딜로이트 투쉬 Deloitte & Touche 에서 국제 세무 고객들을 위한 복잡한 재무 그래픽을 개발했다.

현재 도나 웡은 시겔+게일에서 정보 설계 전략 디렉터를 맡고 있다. 시겔+게일은 글로벌 브랜드 전략 회사로 고객과의 복잡한 커뮤니케이션을 단순화 하는 데 앞장선 기업이다. 디자이너로서도 언제나 열정적인 도나 웡은 박물관의 출간물과 포스터 디자인, 브랜드 아이덴티티, 사인 체계, 연차보고서, <포춘> 500대 회사들의 기업 발간물 디자인을 맡았다.

도나 웡은 루이빌대를 졸업하고 예일대에서 예술학 석사를 마쳤다. 데이터 시각화 권위자인 에드워드 터프티 교수의 논문지도를 받아 정보 설계에 관한 졸업 논문을 썼다.

현재 뉴욕 시에서 남편 Joseph Koltisko와 두 자녀를 두고 살고 있다.

옮긴이 후기

한때 직장 생활하면서, 보고서에 들어갈 도표를 만들기 위해 고군분투했던 기억이 있다. 이건 파워포인트나 엑셀 활용법 차원의 문제가 아니었다. 데이터를 분석하여 결과를 도출한 후, 내가 왜 그런 결론을 내렸는지 동료와 상사에게 설명하기 위해서 말과 글 이상의 무언가가 필요했다. 그러나 내가 설득의 도구로 활용할 도표가 과연 내가 의도한 대로 청중들에게 전달될지는 확신할 수 없었다. 그저 그동안 선배들이 작성한 도표를 참고하여 그럴듯하게 만드는 수밖에 없었다.

저자 도나 웡은 이런 비슷한 상황에 부닥친 사람들이 자신이 그린 차트나 그래프가 제대로 의미를 전달할 수 있을지 판단할 수 있도록 평가지표들을 제시한다. 당연히 독자가 어떤 툴을 사용하는지에 관계없이 이러한 지표들을 바탕으로, 나 또는 누군가가 그린 도표가 제대로 의사소통하는데 효과적인지를 판단하고, 나아가 인포그래픽 전략을 세울 수 있도록 돕는다.

도나 웡은 자신이 생각한 문제와 그 문제를 해결하기 위해서 무엇이 필요한지를 정확히 인지했고, 궁극적으로 독자에게 이 책이 어떤 책으로 다가가길 원하는지를 서문에 명시했다. 그리고 자신이 서문에 밝힌 대로 저자와 비슷한 문제의식을 느꼈거나 문제 해결 의지를 지닌 독자의 책상 한편에 이 책이 자리할 것이라 확신한다.

찾아보기

0-9

0 기준선   48, 49, 50
3차원 그래프   20, 60, 68, 74

A-Z

CMYK (색상 지정하기)   35
RGB (색상 지정하기)   35
X축   49, 64, 108
    X축 로그 스케일   98
Y축
    증가분   50-51, 58, 59, 101
    Y축 로그 스케일   99
    척도   48, 49, 56-57, 59, 67, 100, 127

ㄱ

가독성   28-29, 31, 43, 128
가중평균   96
강조와 대비   42, 43, 128-129
개념적 그림   32
개별 수량 측정   60, 62, 63
개인 소득 분배   95
검은색으로 색감 표현하기   128-129
경쟁사 추적   135
그레이 스케일 ('밝기' 참조)   39, 43, 129
그리드 선   68, 80-81, 136
글꼴   28-31
글꼴 벌리기   29
글꼴 크기   28, 29
글머리 기호   32
기울거나 누운 글꼴   29, 30, 31, 64, 133
기준값   25, 104
기준선을 100 또는 0으로 재설정하기   103
기하평균수익률   114-115
끊어진 막대   66-67

ㄴ

높은 대비를 위한 검정 글꼴   43
누락된 데이터   122-123
누적 막대 차트   72
눕거나 기운 글꼴   29, 30, 31, 64, 133

ㄷ

다우존스 산업 평균   96, 111
다우존스사   111
다중 막대 차트   64-65, 68, 70
다중 선 차트   52-53
대비와 강조   42, 43, 128-129
대칭적인 확률분포   94
데이터
    한눈에 보는 데이터 시각화   32-33
    데이터 편집   21, 26
    데이터 신뢰성   24-25
    풍부한 데이터   26-27
    데이터 출처   18, 21, 24, 67, 122
    데이터 검증   19
데이터 포인트
    수평 막대 차트   69
    픽토그램   86, 87
    수직 막대 차트   63, 66, 67
    누락됐거나 불완전한 데이터   122-123
    데이터 포인트로 이야기하기   27
도넛형 파이 차트   75
도표   33
돈 ('주가 지수' 참조)   110-119
    산술평균수익률 vs. 기하평균수익률   114-115
    통화 차트   116-119
    이동평균   97
    성과 측정하기   112-113
    주가 지수   110-111
뒤죽박죽 선   52-53
디스플레이 패키지   33

ㄹ

레딩 28, 29
로그 스케일 98-99

ㅁ

막대 차트 ('수직, 수평 막대 차트' 참조) 24, 26, 38, 48, 87, 88, 138
    개별 수량 57, 60, 62, 63
    누락된 데이터 122, 123
    픽토그램 85, 86
    분할 막대 72, 77
    누적 막대 72
맥락 23, 25
면적을 비율로 사용하기 79
명도(색상) 34
무작위 배열
    막대 차트 68
    표 82
무지개 색깔의 막대 65
문제 해결 121-129
    실제 값 vs. 증감률 126-127
    대비와 강조 128-129
    과장된 변화 124-125

ㅂ

반지름 78-79
밝기 38-39
    "색상"으로서의 밝기 128-129
    수평 막대 차트 68, 69, 71
    파이 차트 75
    표 81
    수직 막대 차트 60-61, 65
    지도 88, 89
    픽토그램 85
백분율 25, 104

백분율의 평균 107
백분율 계산 106
차트 스타일링 109
범례 42, 43, 54-55, 64-65
변동성 나타내기 44, 93, 97
변화를 시간 흐름의 관점에서 보여주기 125
볼드체 29, 31, 43, 129
분할 막대 차트 72, 77
불완전한 아이콘 84, 86
비교 가능한 척도 58-59, 100-101, 126-127
비대칭 확률분포 95
비례를 나타내는 파이 차트 78-79
비용과 자원 관리 138-139

ㅅ

사진이 있는 차트 32, 33
산세리프체 28, 29, 31
산술평균수익률 114-115
색맹인 독자 42-43, 53
색상 34-45
    채도가 높거나 낮은 컬러 팔레트 36-37, 40-41
    색상 조합의 함정 42
    검정으로 명암 대비와 강조하기 128-129
    색상 기술하기 34
    색맹을 위한 색상 선택 42-43, 53
    효과적인 색상 선택 43
    색상 지정하기 35
    전략적 색상 이용 38-39, 53, 133, 134, 135, 136
    특정 테마를 나타내는 색상 39
    따뜻한 색과 차가운 색 34
색상 변화율 44
색조 34
선 차트 33, 47-59
    비교 가능한 척도 58-59
    높이와 굵기 48-49
    항목 표시 54-55, 57

　　　　이중축 척도 56-57
　　　　선의 개수 제한 52-53
　　　　누락된 데이터 122
　　　　Y축 증가분 50-51, 58, 59
세리프체 28, 29, 31
소수 20, 82, 83, 109
수직 막대 차트 33, 57
　　　　끊어진 막대와 특이값 66-67
　　　　개별 수량 60, 62, 63
　　　　형태와 음영 60-61
　　　　항목 표시 63, 65, 67
　　　　누락된 데이터 122
　　　　다중 막대 차트 64-65
　　　　음수 70
　　　　3차원 20, 60
　　　　0 기준선 62-63, 124
수치가 들어간 표 텍스트 32
수평 막대 차트 33, 68-71
　　　　항목 표시 71
　　　　누락된 데이터 123
　　　　음수 70-71
　　　　순서 매기기와 재편성하기 68-69
숫자 20-23
　　　　숫자 맞춤과 항목 배열 82-83
　　　　기준값 25, 104
　　　　맥락 23, 25
　　　　차트 스타일링 109
　　　　비교하기 21
　　　　소수점 위치 20, 82, 83, 109
　　　　음수와 양수 처리 71
　　　　정수와 소수 처리 82-83, 109
　　　　참조점 22, 49
　　　　반올림 20, 25, 83
스파이더 차트 138
시장 지수 56
시장점유율 24, 25, 57

ㅇ

아이콘 84-85, 86-87, 137
아이콘으로 정사각형을 사용할 때 84
아이콘이 들어간 표 텍스트 32
알파벳 순서 69, 83
약자 108
양방향 수평 막대 70
양수 71
업무 계획 134
여러 차트 33
역순으로 작성된 범례 64
연속적인 데이터 57
열지도 44-45
영역 그래프 48
예측값과 추정값 24, 61
우선순위 프로젝트 137
월스트리트저널 111
위험 심리 95
음수 70, 71
음의 영역 39, 61
이득과 손실 23, 27
이중축 척도 56-57
이탤릭체 29
인버스 스케일 119

ㅈ

자원과 비용 관리 138-139
절대값 vs. 증감률 105, 124, 126, 127
정수 82, 83, 109
제품 출시 타임라인 135
조직도 132
종 모양의 곡선 94
주가 22, 23, 33, 49, 56, 96, 100
주가 지수 44, 110-111
　　　　선 차트 49
　　　　성과 측정하기 101, 112-113

　　　　Y축 로그 스케일　99
중앙값　92
증가분　50-51, 58, 59, 87, 101
증가분 설정　50-51, 58, 59, 87, 101
증감률　23, 56, 102
　　　　절대값　105, 124, 126, 127
　　　　작은 숫자를 기준으로 삼을 때　25
　　　　비교 가능한 척도　100, 101, 126
　　　　선 차트　58
　　　　기준점 재설정하기　103
　　　　표준편차　93
　　　　수직 막대 차트　63
증감률 vs. 절대값　105, 124, 126, 127
지도　33, 88-89
　　　　음영　88
　　　　시간 흐름에 따른 변화　89
지리적 매핑　88-89
진척 보고　136
진척 보고서　137
집중을 방해하는 요소　20, 38, 42, 60, 74, 84, 133

ㅊ

차트 ('색상, 항목 표시, 밝기' 참조)　47-89
　　　　공식과 지식　91-103
　　　　글　20
　　　　누락됐거나 불완전한 데이터　122-123
　　　　데이터양 vs. 데이터품질　26-27
　　　　돈　110-119
　　　　맥락　23, 25
　　　　명확성과 간결성　141
　　　　문제 해결책　121-129
　　　　비교 가능한 척도　58-59, 100-101, 126-127
　　　　상관관계가 없는 데이터 계열　56
　　　　속성 또는 값으로 순서 매기기　68, 69
　　　　시각적 효과　32-33
　　　　시간 흐름에 따른 추세　125
　　　　작성 단계　18-19
　　　　증감률 vs. 절대값　105, 124, 126, 127
　　　　집중을 방해하는 요소　20, 38, 42, 60, 74, 84, 133
　　　　차트 스타일링　108-109
　　　　참조점　22, 49
　　　　추정값과 예측값　24, 61
　　　　타이포그래피　30-31
　　　　편집　18, 26
　　　　프로젝트 계획을 차트로 나타내기　131-139
차트 스타일링　108-109
차트 패널　53
차트 헤드라인　30-31
차트에 직접 항목 표시하기 ('항목 표시' 참조)
찰스 다우　111
참조점　22, 49
채도 (색상)　34
첨도　94
총수익 지수　112
최빈값　92
추세선　48, 49
추정값과 예측값　24, 61

ㅋ

컬러 차트 템플릿　40-41
컬러 팔레트　36-37, 40-41
컬러스케일 응용　39, 44-45

ㅌ

타이포그래피　28-31
　　　　차트에서의 타이포그래피　30-31
　　　　가독성　28-29, 31, 43, 128
타임라인　135
통화　116-119
　　　　통화 차트　118-119
　　　　화폐 환산　116-117
　　　　종모양의 곡선　94

트랜잭션 다이어그램　133
특수 효과 과잉　74
특이값　19, 66, 67, 92

ㅍ

파이 차트　24, 25, 26, 32, 47, 72-79
　　도넛형 파이 차트　75, 78
　　지나친 장식적 요소　74
　　항목 표시　73, 77, 79
　　누락된 데이터　123
　　비례　78-79
　　파이 조각 배치 방법　72-73
　　조각난 파이 또 조각내기　76
파이카　28
패턴 넣기
　　막대 차트　64
　　지도　88
평균 vs. 가중평균　96
평균값　92, 93
폭이 좁은 글꼴　29
표　33, 80-83
　　표 안의 차트　81
　　차트 스타일링　108
　　표 안의 그래프　33
　　그리드 선　80-81
　　숫자 맞춤과 항목 배열　82-83
　　최적의 시각화 지침　81
표 안에 들어간 테이블　33
표에서 단위 표시　83
표준 편차　93
프로젝트 계획을 시각적으로 나타내기　131-139
　　팀 꾸리기　132
　　진척 상황에 대한 의사소통　136
　　경쟁사 추적　135
　　비용과 자원 관리　138-139
　　청사진 초안　133

우선순위 프로젝트　137
일정 vs. 예산 차트　139
일정 수립　134
플로 차트 기법　133
픽토그램　32, 84-87
　　수량 비교　86-87
　　아이콘 선택　84-85, 86-87

ㅎ

하이픈으로 연결하기　29
항목 표시(항목명)　43
　　수평 막대 차트　71
　　선 차트　54-55, 57
　　파이 차트　73, 77, 79
　　수직 막대 차트　63, 65, 67
헤드라인　30-31
헥사 값/16진법 표기 (색상 지정하기)　35
화려한 서체　29, 31
확대해서 보여주기　125
확률　94-95
환율 변동　118-119
환율, 통화　116, 117
　　막대 차트　62
　　아이콘 선택　84
　　선 차트/ 영역 그래프　48